標準ブックレット No.19

子どもたちを〝座標軸〟にした学校づくり

——授業を変えるカリキュラム・マネジメント——

盛永俊弘

表紙写真　アフロ

はじめに

「子どもたちの力を伸ばしたい」「いい学校をつくりたい」と、学校関係者の誰もが願って、日々努力を重ねています。しかしながら、その実現の前には、さまざまな課題が山積しているのも事実です。本書では、特に、どの学校でも課題となる「生徒指導」や「授業づくり」に焦点を合わせ、どんな視点での取り組みが、その課題を解決・改善したのかを、私が校長を務めた二つの学校での実践を通して紹介します。

当然ですが、誰もが「子どもたちのために」と口にします。しかし、その言葉があまりにも自明のため、単なる枕詞となり、思考停止の状態に陥ってしまっていることはないでしょうか。

私はこれまで、「生徒ならこの取り組みや課題をどう考えるのだろうか」「この生徒たちの願いをどうやったら実現できるのだろうか」と考えることで教育活動を進めてきました。そして、解決策が見えず困ったときは、生徒の声を聴くこと（直接&アンケート等）で学校づくりを進めました。私にとって生徒はある意味、暗闇を照らす灯台であり、また、航海の指針となる北極星です。そこで私は「子どもたちを〝座標軸〟に」という言葉を使うことで、子どもたちを真ん中にした学校づくり、子ども目線・子どもたちの立場で考える学校づくりを徹底させてきました。

子どもたちは「未来の創り手」であり、新たな時代を創り出す若き開拓者です。そして、学校づくりを進めるにあたっての大切なパートナーです。変化の激しい時代に生きる子どもたちの力を培ううえで「子どもたちを〝座標軸〟に」する視点は、ますます重要になってきていると思います。

第一章では、生徒指導の課題を「わかる授業」づくりを中心に、どのように解決し学校づくりを進めたのか、第二章では、「わかる授業」づくりが学力向上や学力格差縮小にどうつながったのかを紹介します。第三章では、二つの学校での取り組みから学んだことを「学校教育の改善・充実の好循環を生み出すカリキュラム・マネジメント」の視点をふまえて整理しています。

紹介する学校は、どこにでもある公立の中学校です。しかし、どこにでもある中学校の話だからこそ、共通する具体的な行動へのヒントになればと願っています。

なお、実践の共通性を感じていただきたく、本文では学校名を記載せずA・B中学校と表記しています。また、文中で、「私が」と表現している箇所もありますが、私一人でできたことは何一つありません。あらためて、二つの中学校の生徒、職場の同僚、保護者、地域のみなさまに、心から感謝申し上げます。

第一章　学校の荒れを克服する！　――授業のなかで生徒指導

1　荒れる学校への赴任

「辞職願」

Ａ中学校に赴任した二〇〇九年四月一日の早朝、私は、校長室で日付のない「辞職願」を作成し、机の引き出しに入れました。それが私の最初の仕事でした。絶対に逃げない、そして学校が変わらなければ責任をとる、そんな退路を断つ決意と覚悟のスタートでした。というのも、当時Ａ中学校は、生徒指導上、大変厳しい状況にありました。保護者がこのときの状況をのちに次のように語っています。

「校舎の壁には落書き。窓ガラスは割れ放題。トイレのドアは蹴破られ、天井には穴が開いている。授業中は座っている生徒の方が少なく、打ち上げ花火で遊ぶ生徒もいる。Ａ中学校は、学級崩壊ではなく学校崩壊だ」（『読売新聞』二〇一二年一月五日付）。

そんななかで、私が着任する前年度には、対教師暴力も頻発するという事態にまで発展していました。

見通しのない日々

一学期は、前年度に引き続き、課題を抱えた三年生の個別の問題事象が続きました。さらに、二年生も学級の状態が厳しくなり、一部で授業の不成立が生じてきました。この時期は、正直言って、この現状をどう打開していけばいいのか先の見えない日々でした。教職員たちと翌日の対応策、方針をめぐって議論を重ねますが、最後は堂々めぐり。結局、一学期末までの四カ月間、先生方と学校を出るのが毎日夜遅くなってしまいました。

しかし、これまでも私は、子どもたちを〝座標軸〟にして実践すれば、必ず道は拓けるとポジティブに考えてきました。私は、「過去は変えることができないが、未来は変えることができる」「風は走って起こせ」そして「どっちに転んでもシメタ」というのが信条で、いいと思ったらとにかくやってみよう、何かあれば走りながら軌道修正すればよいと考えてきました。そして、私たちは「困った子は困っている子だ」「生徒はいい、保護者もいい、変わらなければならないのは私たち教職員だ」と自分たちを鼓舞し、打開策を立てていきました。「希望は絶望のど真ん中に」という言葉を心に秘めながら、生徒のためにできることはすべてやろう、何よりも落ち着いて学校生活を送りたいと願っている生徒のために、全力投球しようと考えていました。

学校が激変！

二学期も個別事象は続きますが、教職員の総力戦とＰＴＡ役員を中心とする保護者との協働で、暗闇に小さな希望の光が見えてきました。そして、幸いなことにＡ中学校は、一年で落ち着きを取り戻します。図１

図１－１　Ａ中学校における不登校生徒数の変化

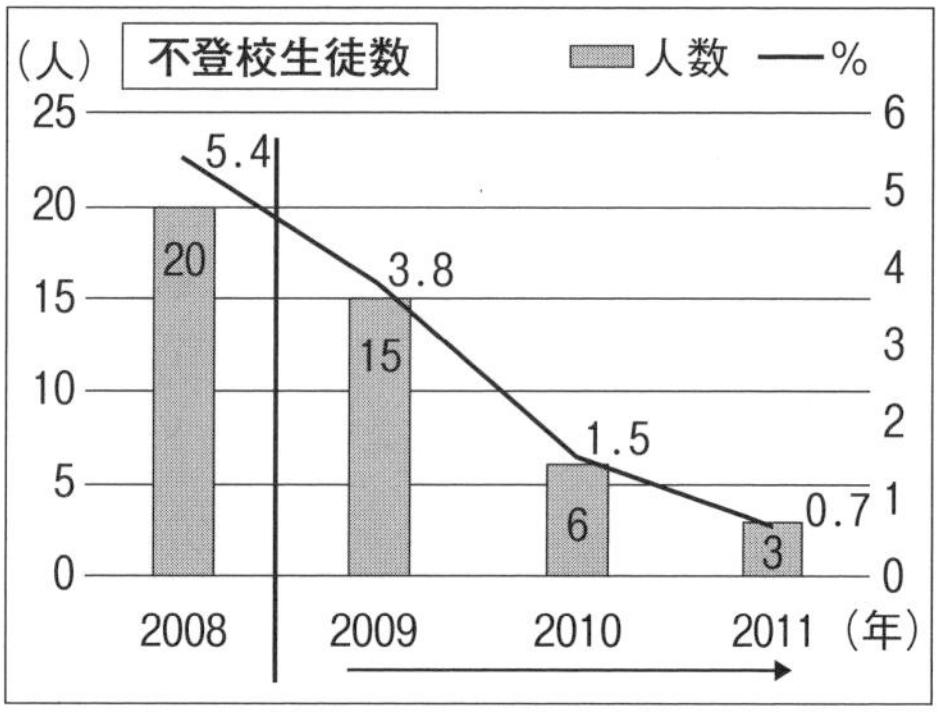

－1のグラフは不登校生徒数の推移を表したもので、学校状況の変化を端的に表しているエビデンスの一つです。同様に、問題行動も大きく減少しました。それでは、どんな取り組み・方策が、学校状況を変え、保護者、地域の方々から「Ａ中学校は激変した」と言ってもらえるようになったのでしょうか。課題解決に向かって大切にした視点と実践を紹介します。

２　変化を起こすには、スピードとタイミング

着任前に行ったこと

実は、Ａ中学校への内示（三月中旬）後、学校状況をリサーチした私は、特に生徒指導が困難と想定された新三年生に「少人数学級」を適用することが最適ではないかと考えました（京都府は、少人数教育推進のために配置されている加配教員を、市町村教育委員会の指導のもと、学校や子どもの状況に応じて、①少人数授業、②ティームティーチング、③少人数学級を選択して実施できる柔軟な方式を採用している）。そこで、着任前でしたが、当時の勤務地だった東京と京都を往復しながら、地元の教育委員会と協議しました。新三年生を「四〇人×三学級」（通常）から「三〇人×四学級」（少人数学級）にするためです。また、年度当初のタイミングで学校の仕組みを変えることは、「何か変化するのではないか」という教職員の新年度への期待を後押しするうえで有効に作用すると考えました。

学級を増やせば、九教科の教員の授業持ち時間が増えます（たとえば、週四時間の教科は、一学級増で持ち時間が四時間増）。教員の負担感が高まるように見えるかもしれませんが、この方策の検証のために一学期末に実施したアンケート調査（生徒向けと教員向けの二種類）では、生徒指導や学級経営面での改善だけでなく、学習指導上でも大きな効果があったとの回答が得られました。実際、新三年生は全体として落ち着きを取り戻し、授業への前向きな姿勢が見られるようになりました。意識の改革は、かけ声だけでは進みません。なんらかのシステムの変更（しかけ）が必要です。クラスサイズを変更するという判断は、結果的に、四月からの学校改善を図るうえで、重要なターニングポイントの一つになりました。

学校経営計画の策定は、逆に一カ月遅れ

当然ですが、どんな学校も毎年四月に学校経営計画を提示し、その目標を実現するためのスタートを切ります。赴任一年目の校長は、「とりあえず、前年度の終わりに準備された目標（学校経営計画等）で一年間様子を見て、次年度は新しい目標を策定しよう」と考えることが多いように思います。しかし私は、そうした前例を踏襲しませんでした。なぜなら、生徒は一年ごとに卒業していくのです。新三年生は、あと一年間で卒業します。一年一年が勝負、待ったなしです。私は、生徒のために、一年で必ず成果を出すことを心に決めて臨みました。

また、厳しい状況を打破し、組織力（チーム力）を高めるためには、ビジョンの共有・方向性の一致が不可欠です。そこで、前年度末に考えられていた学校経営計画をあらためて見直しました。年度当初の忙しい時期でしたが学校内外の環境を分析し、優先課題を焦点化するためのアンケートを全教職員に実施し、学校課題を整理しました。そのうえで、全教職員一人ひとりと面談を重ねていきました。面談にあたっては教職員に「聴く」、そして「いっしょに考える」という姿勢で話をじっくり聴きながら、学校づくりの方向性を考えていきました。面談では、つらかった生徒指導を思い出して涙された方もいましたが、生徒への愛情が強く伝わってくる話を聴き、私の役割と責任をあらためて自覚させられました。時間はかかりましたが、教職員にとっても新たな学校づくりへの当事者意識、参画意識を高めるうえで重要だったと思います。

方向性が明確になれば、新たな挑戦となる具体策も整理され、職員のモチベーションも上がります。「授業づくりを追究する」などを重点目標とした学校経営計画は、五月当初の職員会議で決定しました。一カ月遅れに見えるかもしれませんが、ある意味、一年間早めたともいえます。変化を起こすには、スピードとタイミングが大切です。

3 解決の視点を変える——未然防止の取り組みを基本に

「わかる授業」は、最大の生徒指導であり教育相談！

生徒指導については、対症療法的な事後対応ではなく、未然防止の取り組みを重視しました。問題事象のみに視点をあてた指導ではモグラたたき状態に陥ってしまい、厳しい状況を改善することはできません。根本的に問題が起きにくい集団（学校風土）をつくるという予防的な考え方にシフトさせました。未然防止とは、いわば「川下で溺れてくる子どもを救うのではなく、上流で泳ぎ方を計画的に教える」ことといえます。

未然防止に効果的な最大の実践は、「わかる授業」であり、授業を改善することで、生徒指導上の厳しい現況を解決していこうと考えました。なぜなら、「わかる授業」や「学ぶことの意味が実感できる授業」を実践することは、生徒との信頼関係を深め、不登校や問題行動を起こす可能性のあるすべての生徒への予防的・教育的援助につながるからです。わからない授業を行う教員の生徒指導は成立しません。「わかる授業」でこそ、生徒指導の機能である「児童生徒に自己存在感を与える、共感的な人間関係を育成する、自己決定の場を与え自己の可能性の開発を援助する」ということが具体化できます。教室の外ではなく、日々の授業のなかでこそ、生徒指導、教育相談、そして特別支援教育が推進できるのです。

「授業のなかで生徒指導、教育相談」という私の原点

かつて私はX中学校の生徒指導を担当していました。そこでの私の苦い体験、多くの反省が、「授業のなかで生徒指導」という発想の原点となっています。

二十年程前のことです。連日、早々に授業を放棄した十数人のグループが、学校内では違反の服装、茶髪・金髪、授業エスケープ・授業妨害、器物破壊、喫煙、暴力行為を繰り返す。学校外では卒業生や他校生と交友関係を深めながら、コンビニや公園など地域にたまり、飲食物のゴミやタバコの吸い殻を散乱させる。深夜徘徊のなかで、飲酒・万引き・バイク窃盗・無資格（無免許）運転、シンナー吸引……。そんななかで、忘れることができない光景があります。相談室でゆっくり話を聴こうとする私に、Y男は涙を流しながら「授業妨害は悪いと思っている。本当はよくわかるようになりたい」「でも、わからない授業を聞くことはつらい」「そんな自分にますますイラダツ」と驚くほど素直に語ってくれま

した。そして最後に、Y男は「先生、授業がわからないで六時間座っているオレたちの気持ちがわかるのか」と。彼らが落ち着きを見せはじめたのは、彼らの居場所となる「特別教室」を開設し、「特別授業」を開始したときからでした。そして、担任が進路相談や個別学習援助のため、地道に定期的で継続的な家庭訪問を積み重ねるなかで進路（生き方）を意識し、自分と将来に向き合いだしていったのです。

私は、このX中学校での体験以降、このような生徒を二度と出さないこと、そして、教員としての専門性を生かしながら、不登校や問題行動を起こす生徒と関係を築いていくことを心に刻みました。それ以来、すべての生徒にわかる授業で信頼関係をつくる、「授業のなかで生徒指導、教育相談」というのが私の原点となったのです。

4　授業が変われば生徒が変わる、そして学校が変わる

「授業評価アンケート」の実施による検証と改善

前述したように一学期の終わりには全校生徒による「授業評価アンケート」を実施し、生徒の要望を聴く機会を導入しました。授業評価アンケートとは、全校生徒が全教科の授業についての評価を記入するアンケートです。各教科ごとに、生徒の「授業でのがんばり度」と「授業がよくわかるか」に関して選択肢・四件法で回答するものと、「授業のよかった点」や「授業への要望」を自由記述で書いてもらうきわめてシンプルなものです（図1―2）。なお、こうした授業評価アンケートは、教職員評価と結びつけて実施してい

図１－２　授業評価アンケート

☆評価は，次の４段階です。該当する数字に○印をつけてください。

	①	②
4	よくがんばった	よくわかった
3	どちらかといえばがんばった	どちらかといえばわかった
2	どちらかといえばがんばらなかった	どちらかといえばわからなかった
1	がんばらなかった	わからなかった

	①　あなたの１学期の授業の参加の仕方を，４段階で評価してください！	②　授業はよくわかりましたか？	③　教科の先生に対して，知ってほしいこと等があれば具体的に書いてください。	
			☆よかったところ	★お願いしたいこと
国語	4 － 3 － 2 － 1	4 － 3 － 2 － 1		
社会	4 － 3 － 2 － 1	4 － 3 － 2 － 1		

る地域もあるようですが、私たちの目的はまったく違います。あくまでも授業改善のためです。

二学期が始まる前の職員会議で、私が一週間以上かけて集計した結果を一人ひとりの先生方に配付したのですが、結果を見つめる先生方の真剣な眼差しは今も脳裏に浮かびます。先生方は「ドキドキして集計結果を見ました」「とりわけ自由記述に書かれた授業のよかった点はとても励みになりました」、逆に「授業への要望（授業のテンポ・スピードに問題、板書内容のわかりにくさ、考える時間がない等）の指摘は納得です」などと、生徒の声を真摯に受け止めてくれました。先生方は、その集計結果や要望をふまえて授業を具体的にどのように改善していくかという「回答書」も作成しました。

当初、授業への厳しい意見・要望が多かったアンケートの自由記述も、その後、「理解できるまで熱心に教えてくださる」「板書や説明がわかりやすい」「授業が楽しくおもしろい」「大切なポイントがわかりやすい」「プリントで復習がしやすかった」「TT授業は、すぐに教えてもらえる安心感がある」、実技教科では「ていねいにアドバイスしてくれる」「わかりやすく手本を示してくれる」等の記述が増えてきました。この生徒の声をふまえた授業づくりは、私たちに「授業が変われば生徒が変わる、そして学校が変わる」ことを実感させてくれるきわめて重要な取り組みとなりました。

授業力向上を図る校内研究

ところで当時のA中学校は、講師比率が京都府下の中学校で一番高く、若手の教員が多い学校でした。そこで研究者の方々に協力していただき、授業力の向上を図る校内研究を設けることにしました。研究テーマは、京都大学の西岡加名恵先生と「思考力を育成するパフォーマンス評価」、国立教育政策研究所（国研）の山森光陽先生とは「学習意欲を高める指導法」などです（一年目はお二人以外の研究者の先生方にもご協力いただきました。のべ一一名）。

この校内研究では忘れられない光景がいくつもあります。たとえば、西岡先生は一校時から六校時まですべての授業を参観されたうえで、放課後に実施する校内研究会へ臨まれました。そこでは、直前まで参観しながら撮影されていた授業風景の写真を映しながら、発問や指示のあり方、板書やノート指導などの指導技術の基本も指導・助言してくださいました。私たち教職員も「この点はいいですね」とほめていただくとうれしいものです。講演が終わったあとも多くの教員が、西岡先生を囲んで質問している姿が印象的でした。また、山森先生は全国学力・学習状況調査の質問紙を活用した提案授業を、同じく国研の有元秀文先生は言語活動を充実させるための提案授業を実施され、私たちの授業力向上へ大きな支援をしてくださいました。

なお、こうした研究者の方々の講演等は、ＰＴＡ役員の保護者やA中学校を含めた二市一町で構成している研究会の教員にも案内を送付し、自由に参観してもらいました。余談ですが、本音が飛び交う研究会に保護者が同席されていることを、他校の先生方がビックリされていたことを思い出します。A中学校での二年目は、国研の「言語力プロジェクト」の研究協力校として、全教科で思考力やコミュニケーション力を高める言語活動の充実を追究し、学習指導方法などの研究を推進しました。学校資源（リソース）は限られています。しかし、学校内だけではなく、外とつながることで、学校が活性化していきました。

指導形態の工夫（柔軟な指導方法）

着任二年目には、少人数学級、数学・英語のティーム・ティーチングなど、単一の指導パターンではなく、学年や生徒の実態に即して柔軟な取り組みを進めていくように工夫しました。また、若手の講師は本務者と異なり研修の機会が基本的に保障されていないため、あえてティーム・ティーチングの時間を創出し（持ち時間の関係で各クラス一時間程度ですが）、T2として授業に入ってもらいました。目的は生徒への学習指導上の効果と併せて、若手の講師にベテランの教員（T1）の授業の技を学んでもらうためです。

東日本大震災から「想定外」を生き抜く力を学ぶ

二〇一一年三月一一日、何もかもが一瞬で消え、景色が一変した東日本大震災。その圧倒的な喪失感に、私たちは言葉を失いました。しかし、A中学校の生徒は支援の心を行動で示したいと、直ちに義援金の募金活動をはじめました。荒れていると言われていたA中学校の生徒たちが、自ら行動を起こすほどに成長していたのです。私も被災地を訪問しました。釜石では、ハザードマップ上は浸水しないとされていた中学校が津波にのみこまれてほぼ全壊、その学校の校舎三階の窓に自動車が突き刺さったままでした。陸前高田では、海岸沿いの七万本の松が連なる壮観な光景が「奇跡の一本松」だけを残して消滅していました。そんななかで、大震災の津波から小・中学生約三千人が的確な避難で生き延びた「釜石の奇跡」が注目されました。私は、その「釜石の奇跡」の立役者である群馬大学の片田敏孝先生のお話を生徒にぜひ聞かせたいと考え、まったく面識もない先生にお願いしたところ快諾のお返事。その秋に、片田先生といっしょに防災教育を推進してきた被災者の末永正志さん（釜石市の前消防防災課長）のお二人をお招きして、想定にとらわれない判断力や想定外を乗り越えさせる力について考える教育講演会を開催し、「避難三原則」「脅しや知識の防災教育の限界と姿勢の防災教育（主体的に生き抜く力を育む防災教育）」などを、大勢の保護者、地域住民の方々と学ぶことができました（この取り組みは、新聞にも紹介され反響をよびました。『京都新聞』〈二〇一一年一一月一日付〉、『読売新聞』〈同年一一月三日付〉）。

また、総合的な学習の時間、道徳、学級活動で、継続的に大震災の教訓を考えると同時に、仮設住宅で暮らしている被災地の方々へ、保護者・地域の方々の協力を得ながら、地方の特産の竹を使った「花かご」（竹細工）やカイロ袋を贈る取り組みも進めました。さらに避難訓練では、担任の引率なしで自主的に避難場所に集合させたり、教職員にさえ実施日時を知らせずに行ったりするなどの工夫も重ねました。

「わかる授業」と信頼関係

国研は、全国学力・学習状況調査で「特徴ある結果」を示した学校（小学校約二万校、中学校約一万校の上位の学校から抽出）を訪問調査し、成果をもたらした指導方法などを事例集にして公表しています（『全国学力・学習状況調査において特徴ある結果を示した学校における取組事例集』二〇〇九年)。このなかには、生徒の家庭環境が厳しい学校（就学援助率が四〇パーセント以上）や数年前まで生徒指導状況が厳しかった学校なども含まれています。実は、私も国研勤務時にこの訪問調査と事例集作成に関わり、成果を上げた取り組みに共通する背景として、「学校の的確な現状認識・課題意識と明確な目標の存在、よくわかる授業への取り組み、学校（教員）と児童生徒や保護者との間にある強い信頼関係」の存在を目の当たりにすることができました。A中学校においても、その事例集で分析された「子どもたちや保護者との信頼関係が構築されると、子どもたちは教員の指導内容等をしっかりと受け止めようとするし、保護者は学校の取り組みに協力的になる。そのことが、再び教員の意欲を高め、指導力を向上させる、といった好循環をもたらす」という視点を大切にしながら授業づくりを進めていったのです。

なお、訪問調査メンバーの間では「優れた成果を上げている学校は、当たり前のことを当たり前にしている学校だ」という意見も多く出されました。「当たり前のことを当たり前に」とは、当たり前のことを一生懸命に「徹底する」ことで、その結果、大きな成果がもたらされているということを意味しています。

5　生徒指導で大切にした視点

生徒指導状況を改善するために解決の視点を変え、まずは「わかる授業」に全力をあげたわけですが、いわゆる生徒指導の対応でも、次に紹介する視点（①〜⑦）を大切にしながら取り組みを進めました。私たち教員は現状が変わらずうまくいかない場合、自分たちの努力不足だと自省しがちです。でも、うまくいかないのは努力の量ではなく、努力の方向性や努力の質ではないかと捉えることも必要です。つまり対応策を見直すことも大切だと考えたのです。あえて言うなら、生徒指導に正解はありませんから、いろんなことを試してみる柔軟さが必要です。よい結果（違う結果）を出すには、「違うことをやるか、同じことを違うようにやるかの二つだけで、違うことと違うやり方を模索し続けなければならない」と言われるゆえんです。

①生徒の成長を信じて「アカンことはアカン」と本気で対峙

特に着任一年目当初は生徒の成長を信じ、「アカンことはアカン」と本気で対峙しようと呼びかけました。実は、私には先生方の生徒への対応で少し気になるところがありました。それは、優しい教員が多い、ということでした。確かに、生徒を共感的に理解し受容する優しさ、温かさは生徒指導の大前提です。しかし、本当の優しさは厳しさと表裏だと思うのです。厳しさとは、けっして切り捨てることではありません。いけないことはいけないと厳しく指導し要求することと、問題の奥に潜んでいる痛みや苦悩を読みとり励ます優しさとは、コインの表裏です。私たち一人ひとりのなかで優しさと厳しさが深いところで一体化していなければ、生徒の心に響く指導は難しいのです。優しさも厳しさも、生徒に対する深い理解と成長への信頼から生まれてきます。優しさと厳しさを統合しながら、生徒の成長を信じて本気で対峙する。そのために、A中学校に今必要なのは、「アカンことはアカン」と指導することだ、と考えたのです。

②問題・原因ではなく解決に焦点を合わせる（解決志向的なアプローチ）

生徒と本気で対峙することと併せて、解決志向的なアプローチを重視しました。解決志向的なアプローチとは、問題の原因やその分析よりも現状を改善する方向へ焦点を合わせ、早期解決を目的とする考え方です。解決方法について考える方が、問題と原因を把握するよりも有用だと考えます。小さな変化はやがて大きな変化を生み出すととらえ、現在のやり方で小さくても改善されているならそのまま続けていく一方で、改善されていないなら、思い切ってそのやり方をやめて何か違う行動を起こすことを重視するのです。

学校現場の会議では、原因を特定するために多くの時間を割いている現実があるのではないでしょうか。もし仮に、原因が「生育歴や家庭の問題」となったところで、その原因を取り除くことはできません。また、原因と結果は円環的に連鎖していることも多いのです。そこで会議のスタイルを変え、「どうしたら問題が改善し、解決するのか」に議論の中心をおくことで、何をすべきかを明確にしました。原因と解決は別だと考えたのです。

私が解決志向的なアプローチを重視するようになった〝苦い思い出〟

大変な問題行動を繰り返すZ君のケース会議のことでした。私は当時、生徒指導主任をしており、その会議の進行役でした。家族の問題から生育歴、友だち関係、勉強への不安などZ君の生徒理解が深まり、多くの先生方が口々に「いい会議だった」と言いながら職員室に戻っていかれました。私も満足しながら研修会場を片付けていたら、Z君の担任が近づいてきました。「ありがとうございました。参加者のみなさんのおかげでZ君の理解が深まりました。ところで、先生、私は明日から何をしたらいいのでしょうか」……私にとってその言葉は大きな衝撃でした。先ほどまでの会議は、一体何のための、誰のための会議だったのでしょうか。私はそれ以来、生徒指導や教育相談等に関する会議は「解決」に焦点を合わせて運営することを肝に銘じてきました。

以前、不登校生徒のことで相談した地元の精神科医も、次のことを教えてくれました。「原因や対策がわからなくてもいいんじゃないか。わからなくても本人や家族の苦しみにつきあっていくことの方が大切なんじゃないか。原因を知らなくても回復の援助はできる（けがの原因を詮索するよりもまず傷の手当てを）。対応しているうちに原因があとでわかることもある。不登校を克服したあとでも原因はわからないことだってよくあることだ」と。

③「紙上討論」で集団の雰囲気を変える

問題事象を起こした生徒の個別指導にとどまらず、その事象を容認・促進する集団構造を変化させるため、私が三十年近く授業や学級活動の場面で活用してきた「紙上討論」も実施しました。紙上討論とは、まず、あるテーマ（たとえば、授業態度をどうしたら向上させることができるか、掃除の状況をどうしたら改善できるか、など）についての意見を、小さな紙片に短時間で全員に書いてもらいます。そして、意見をそのまま紙上発表するのです（ただし匿名で）。この方法のミソは、その一回目の意見を読んでからの二回目の意見、場合によっては二回目の意見を読んでからの三回目の意見、というように交流・思考を深めていくことです。

人間関係に気を遣い、同調圧力のなかで、自分の意見をなかなか表明しない思春期の生徒も、アンケートなどの紙上では、本音を語ってくれます。普段は声を上げないけれど、当たり前のことを真面目に考え行動している多くの生徒の声が紙上に展開されるので、〝やんちゃな生徒〟の声や行動に着目しがちな状況から抜けだし、集団の質や雰囲気（ムード）を変化させることができるのです。事実、厳しい状況であった学年が、この紙上討論で、学級や学年の前向きな見方・考え方を作り出し、学年状況を改善していく要因の一つになりました。問題を起こすのは生徒ですが、問題を解決する力をもっているのも生徒自身なのです。

④「不登校の多様化」への対応

不登校生徒への対応では、「学校に復帰させる取り組みの充実」（教育相談部・養護教諭のコーディネートによる不登校生徒へのチーム支援、スクールカウンセラーや「心の居場所サポーター」との連携など）と、新たに不登校にさせない「未然防止の対策」を区別して取り組みました。生徒指導部と教育相談部の連携によるタイムリーな方針の提案、教育相談週間の実施（六月と一一月）、遅刻・早退・欠席状況や不定愁訴等（「頭が重い」「イライラする」「疲労感が取れない」「よく眠れない」などの、なんとなく体調が悪いという自覚症状を訴えるが、検査をしても原因となる病気が見つからない状態）による保健室来室状況の共通理解と二日以上欠席者への迅速な対応策、授業参観週間の設定など、未然防止の視点での取り組みを進展させました。

不登校は、神経症的なもの、怠学・非行、虐待や家庭環境、発達障害によるものなど原因が多様化しています。当然、それに対応する支援も、教育的支援、心理的支援、医療的支援、福祉的支援、司法・矯正的支援……と多様化させることも大切だと考えました。

⑤保護者（家庭）は大切なパートナー！

私たち教職員は、不登校や問題行動を起こしている生徒を見ると、「本人の問題」「友だち関係の問題」「家庭の問題」などに原因を求めてしまうことがあります。どんな問題も、人間関係のなかで生じるという事実を前にすれば、影響力のある友人や家庭が関係するのは当然かもしれません。しかし、家庭に問題があったとしても、家庭を取り除くことはできません。困った家庭は困っている家庭です。家庭の問題という見方では「家庭は敵」になってしまい、連携が困難となり対応の指針が見えにくくなってしまいます。むしろ、家庭を「大切なパートナー」と考えて、家庭のもっている力を引き出し、家庭といっしょに対応していくという姿勢の方が、解決にとってきわめて有効です。また、保護者や地域から寄せられる意見は、一見クレーム的な内容であっても必ず多くの事実を含んでいます。そうした苦情をいちゃもんと捉えず誠実に対応したことが、結果的に学校への信頼を高めていきました。

⑥特別活動の活性化で、認められる機会を増やす

思春期の輝く時期に、「自分はダメな人間だ」「居場所がない」と早々に自分に見切りをつけ、開き直ってつっぱることで自己表現する生徒に、私たちは、自己否定感と不安感の強さを感じました。生徒からは「その低い自己評価に見合った行為をおこなうことではじめて安心感を獲得できる」（諸富祥彦「〝いまどきの中学生〟の心の痛み」門脇厚司・久冨善之編『現在（いま）の子どもがわかる本』学事出版、二〇〇一年）という屈折した心理もうかがえました。そこで、自己肯定感・自己有用感を高めることを意識した対応をすること、特に、授業をはじめとする日常生活の場面で、「いいね！」と承認される場面を増やそうと努力しました。

また、これまでも大切にしてきた特別活動（学級活動、さまざまな学校行事、生徒会活動）や部活動などの重要性をあらためて見直し、豊かでよりよい人間関係、集団の教育力の再構築のなかで、自己肯定感・自己有用感を高めていきました。

⑦生徒との二者懇談が信頼感を高める

学級編成（クラス分け）は進級前の三月下旬（春休み）に検討するのが通例です。しかし、生徒指導状況を改善するため二年の先生方は、何と一月から学級編成の準備に着手しました。具体的には、生徒の人間関係を丁寧に分析するため、全生徒との二者懇談を開始したのです。

この一月〜三月という長期にわたる懇談は、生徒の「このままの自分でダメだ」「変わらないといけない」という気持ちに火をつける絶好の機会となりました。同時に、自分の思いを真剣に聴いてくれる教員への信頼感を高めることにもつながりました。この二者懇談、そして、三年生スタート時での少人数学級の適用や紙上討論などが生徒指導状況の改善に大きな力を発揮したのです。

6　「元気で笑顔の学校です！」

保護者・地域との協働

「よい学校とは、問題のない学校ではない。問題を共有している学校だ」といわれます。私たちは、保護者・地域からの信頼感を高めるために学校公開の機会を増やし、教職員向けの校内研修会の一部を保護者に公開しました。また、積極的に情報発信・情報共有するため、更新が滞っていた学校ホームページをリニューアルしました。さらに学校に寄せられた要望にはスピーディーに応える努力をしました。

具体的には、三年生だけでなく一・二年の保護者対象の進路学習会の開催、図書ボランティアメンバーの企画による図書館コンサートの開催、生徒と保護者対象の教育講演会の開催、特別支援教育体制の強化、保護者や地域住民の方々を講師にした「職業を考える授業」の実施など、PTAと連携しながら保護者のニーズに応えて、新しい試みを次々と実現させてきました。

学校づくりが進展すると、さまざまな取り組みが地元の新聞にも取り上げられるようになりました。たとえば、「中学新制服、児童が投票」という記事が掲載されたことがありました。これは開校以来初めて制服を変更したのですが、そのデザイン選定に際して、生徒（生徒会）・教職員・保護者は当然のこと、入学する校区内三つの小学校の児童とその保護者にも投票の機会を設定した取り組みです（写真参照）。「制服決定に際して小学生の意見を聞くことは前例がない」と大きな反響をよんだのです。（『京都新聞』二〇一〇年一〇月七日付、一〇月一九日付）。

「学校が変わったのは〝授業〟ですね！」

学校が落ち着くと、多くの保護者、地域の方から、「学校の空気が変わりましたね」とおっしゃっていただきました。着任して三年目にはこんなこともありました。六月、国研の生徒指導・進路指導研究センターの研究官の方々が、不登校、問題行動などの生徒指導状況が大きく改善した理由の調査に来られました。授業参観をはじめ、生徒指導部や教育相談部の部長、養護教諭、また、教育委員会の生徒指導担当指導主事などへのヒアリングなどが終日行われました。調査終了後、代表の研究官が次の言葉でまとめられました。「結局、学校が変わったのは〝授業〟ですね」。「わかる授業」に取り組んできた、私たちの思いと努力が認められた瞬間でした。

「わかる授業」はさまざまな相乗効果を生み出します。秋のある日曜日にはこんなことがありました。陸上部の女子生徒三名が掃除用具をもって職員玄関にいます。私が、「その用具は？」とたずねると、「体育館のトイレを掃除しました」と話してくれました。「顧問の先生から頼まれたの？」と聞くと、「いいえ、汚れていたのが気になったので、自主的に……」との返答。そのあと私はトイレに足を運び、本当に驚き感動しました。いたるところすべてピカピカになっていたからです。彼女たちが長時間、たわしを手にごしごし磨いてくれた結果でした。

また一二月のある土曜日、地域で「クリーン作戦」があったときには、A中学校の約三分の一という大勢の生徒がボランティアで参加してくれました。その光景を、地域の代表の方が、「中学生が元気で清々しいと、町全体がきれいで元気になる」と語ってくださいました。

三学期には、新入生保護者説明会を開催しました。私は、事前にA中学校の自慢（いいところ）を生徒に書いてもらい、最初のあいさつでその声を次のように紹介することができました。「元気で笑顔の学校です」「とても楽しい明るく活気がある学校です」「あいさつがしっかりできます」「行事や取り組みが一生懸命で、本気で盛り上がる学校です」「男女関係なく仲良く、友だちができやすい学校です」「どの部活もとてもいい雰囲気で、先輩はわからないところがあっても優しく教えてくれます」「生徒会がエコ活動などの取り組みをしています」「田んぼに囲まれているから静かで学習に集中できますよ」そして、「先生によい人がいっぱい」「おもしろい先生が多い」「先生の教え方がうまい」

学校が保護者や地域と一体となれるのは、公立のよさであり強み

〝危は機〟（ピンチはチャンス）です。学校秩序の回復を目的とするのではなく、「わかる授業」を根幹にした学校づくりを教職員が一丸となって実践したこと、マイナスをゼロという発想ではなく、未来志向的にマイナスをプラスに転化させる発想で取り組んだことが、上昇スパイラルへの一歩につながりました。「ヒト、モノ、カネ」が投入された特別な学校は別として、多様な子どもたちを抱える社会の縮図としての普通の公立の難しさは確かにあります。しかし、学校が保護者や地域と一体となれるのは公立のよさであり強みです。チャンスはつねに目の前にあるのです。

第二章　「わかる授業」の追究　――学力向上、格差縮小へ！

1　B中学校の課題は何か

生徒の考える「魅力ある理想の学校」

二〇一二年四月、私はB中学校に異動しました。引き続き、「子どもたちを〝座標軸〟にした学校づくり」を推進したいという思いで着任しました。B中学校の生徒の実態とニーズをふまえて学校づくりを進めたいということです。

最初、私の目に映ったB中学校の生徒は、元気のよいあいさつと熱心な部活動が印象的で、表面的には落ち着いて見えました。しかし、授業風景では、気になることがありました。静かですが、活気が感じられないのです。寝ている生徒もアチコチに。そこで、私は、先生方に協力してもらい、A中学校での実践と同じように全校生徒（五百名あまり）にアンケートをとりました。内容は、「生徒が考える理想の学校像」（自由記述）や「学習と生活の実態」（選択肢）などです。五百名あまりの生徒の意見や回答を集計すると、生徒の学習や生活の実態と同時に、学校への期待、ニーズが見えてきました。自由記述に書かれたキーワードを整理すると、一見抽象的ですが、生徒の願いが強く伝わってきます（調査結果の多いものから順に記載）。

①笑顔あふれる学校、②楽しく居場所がある学校、③勉強と部活動に一生懸命取り組む学校（文武両道）、④仲良く助け合える学校（先輩後輩、男女関係なく）、⑤あいさつができる学校、⑥授業がわかる学校、⑦地域に誇れる学校、⑧当たり前のことが当たり前にできる学校

「授業がわかりたい！」

生徒が理想の学校を「授業がわかる学校」と書いたことに正直言って驚きました。しかし、私が校舎内をまわって感じたことと重なっています。私たちの授業が、生徒の思いと齟齬を生じている事実が浮かび上がってきたのです。このアンケートはB中学校に在任した四年間、継続的に実施したのですが、次のような変化がありました。毎年、①②③④⑤が上位を占めます。B中学校の生徒にとっての理想の学校像なのです。しかし、学校づくりが進むと、⑦⑧も増えてきました。そして、着任一年目に多かった「⑥授業がわかる学校」が、何と四年目のアンケートでは姿を消したのです。「授業がわかる」ことが理想ではなく、現実になったことの表れと言えるのではないでしょうか。

「授業づくり」に関連した三つの課題

私たちは、授業に関連する課題を、主に次の三点に整理しました。

〔課題Ⅰ〕生徒の願いである「わかる授業」の推進

〔課題Ⅱ〕家庭学習の量と質（時間増と自学）の向上。そのためのツールとして「スケジュール手帳」を活

用する

〔課題Ⅲ〕「経済格差による学力格差」の縮小

課題Ⅰの「わかる授業」が中心テーマですが、しだいに、課題Ⅱの家庭学習、そして、課題Ⅲの学力格差を解決・改善する取り組みも追究しました。課題Ⅲは、Ｂ中学校の重点目標である「人権教育の推進」とも重なるテーマです。

〔課題Ⅰ〕　生徒の願いである「わかる授業」の推進

「わかる授業」とは、どんな授業なのか

ところで、「わかる授業」とは、どんな授業でしょうか。目の前の生徒の学力差は大きくニーズも多様です。教科によって得手不得手もあります。そこで、私たちは次の視点を大切にしながら実践を進めました。

①基礎・基本は単なる習得の対象ではなく、基礎・基本を〝豊かに学ぶ〟必要がある。同時に、基礎・基本の確実な習得は必要だが、それだけでは「わかった」という充実感や達成感にはつながらない。学力の三要素（基礎的・基本的な知識・技能、知識・技能を活用して課題を解決するために必要な思考力・判断力・表現力等、主体的に学習に取り組む態度）が総合的、三位一体的に育まれてこそ、「わかる授業」につながるのではないか。

②授業のなかで、生徒指導の三機能である「子どもたちに自己存在感を与える、共感的な人間関係を育成

する、自己決定の場を与え自己の可能性の開発を援助する」を実現することが、「わかる授業」につながるのではないか。

③現実の世界で直面するような課題への挑戦、わかりたくなる授業、学ぶことの意味や喜びが実感できる授業が「わかった」を高めるのではないか。

④課題の発見・解決に向けた主体的・協働的な学び（のちに言われるところの「主体的・対話的で深い学び〈アクティブ・ラーニングの視点〉」）が、「わかった」を高めるのではないか。

⑤「わかる」の主語は生徒である以上、その検証には、生徒への継続的な調査が必要ではないか。

単元構想と目標を見直す

私たちの授業は、これまで一時間単位の授業づくりに追われ、定期テストが近づいてはじめて評価問題を考える、ということが多かったように思います（特に五教科）。しかし、知識・技能を活用して課題を解決するために必要な思考力・判断力・表現力を、一時間単位の授業で育成することは不可能です。授業は「一時間単位で完結するという幻想から離陸すべき」「一時間単位の今の指導案は明治時代の産物」（高木展郎『変わる学力、変える授業。』三省堂、二〇一五年）との指摘まであります。私たちは単元構想を見直す視点をもって研究実践を進めましたが、そのことは、あらためて一時間単位の目標を明確にし、また「目標と評価の一体化」を進展させました。同時に、最初は難しいと思われた思考力を高めるパフォーマンス課題の実践につながりました。なお目標の明確化に関して、校内研究会で京都大学の石井英真先生から、次の目標は〝明確な目標〟といえるのかと問われました。「『酸化』という化学変化を理解する」「前まわり受け身の方法

図2－1　学力評価の方法

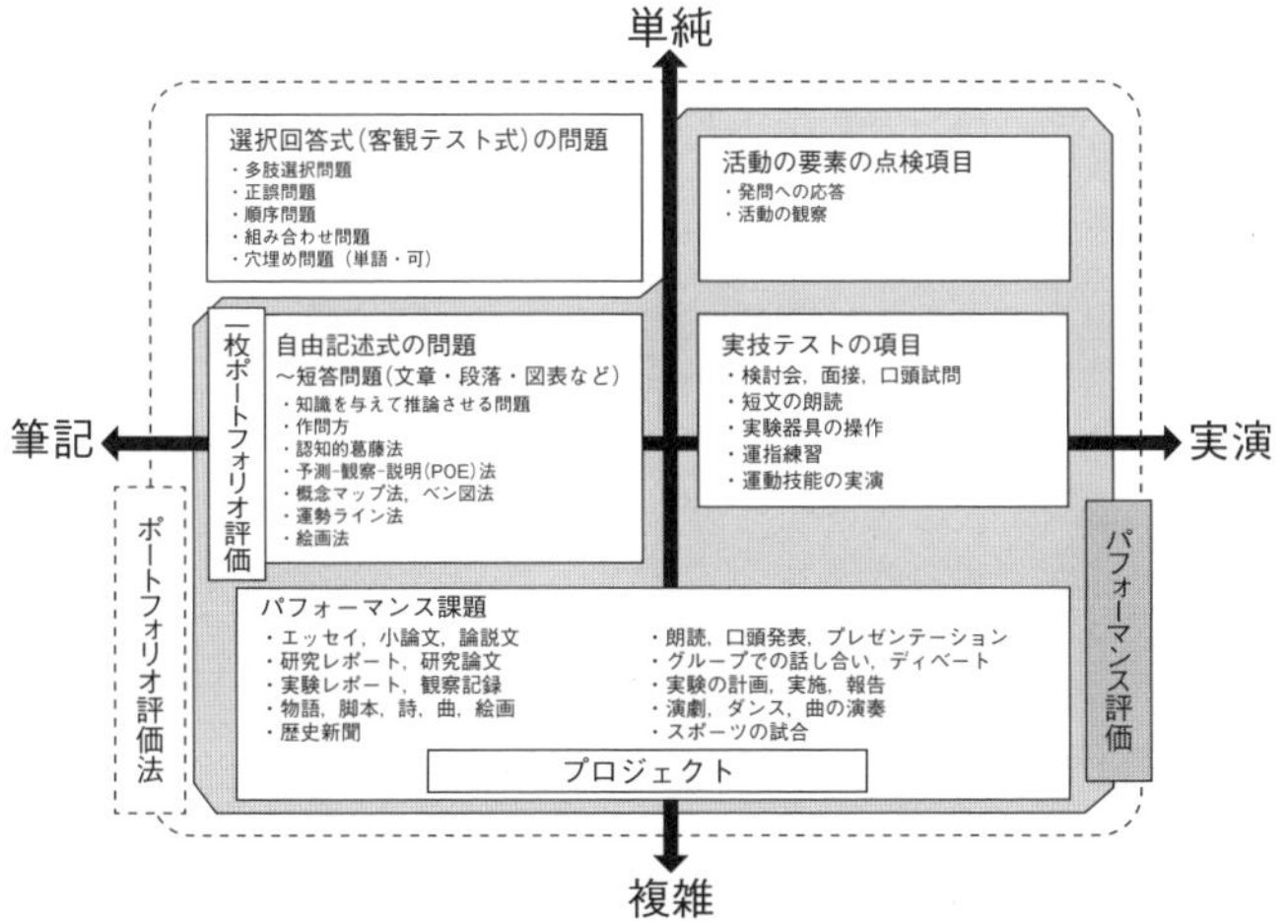

出典：西岡加名恵『教科と総合学習のカリキュラム設計――パフォーマンス評価をどう活かすか』図書文化，2016年，83ページ

を正しく実践することができる」「加減法・代入法による連立方程式の解き方を再確認するとともに、さまざまな解き方で解を求めることができる」など。あらためて私たちは、目標とは何かを考えさせられると同時に、目標となる「学力の質」を明確化する必要性を痛感させられました。

思考力・判断力・表現力の向上へ

私たちは京都大学の西岡加名恵先生から、さまざまな学力評価の方法（図2―1）を学ぶとともに、生徒の思考力・判断力・表現力を向上させるため、各単元の中核にある「本質的な問い」に連なる質の高いパフォーマンス課題の作り方について研修を受けました。同時に、その課題に迫るために提案していただいた「単元テンプレート」などを活用しながら授業づくりを進めました。また、B中学校を含む地域の中学校教育研究会で、評価の信頼性・妥当性を高め、教育実践の指針となるように開発・実践してきた「乙訓スタンダード」（指導計画と評価計画のスタンダード、西岡先生が共同研究者）の改善を進めていきました。

石井先生からは、学校で育てる能力の階層性（質的レベル）を捉える枠組みについて研修を受けることで、めざす学力・学習の質（「知っている・できる〈知識の獲得と定着〉、わかる〈知識の意味理解と洗練〉、使える〈知識の有意味な使用と創造〉」）に応じて、それに適する評価の方法やタイミングや指導方法が異なること、また、「どのレベルの考える力を育てるのか」という発想と実践が必要なことを学びながら、教科書を教えることから「教科する」授業へと研究実践を進めました（石井英真『今求められる学力と学びとは』日本標準、二〇一五年）。

基礎的・基本的な知識および技能の確実な習得

毎日の授業のなかで、基礎的・基本的な知識・技能を豊かに学び、確実に習得することは、「わかる授業」の前提であり生命線です。そのため、さまざまな方策を講じました。具体的には、金曜日六校時を「振り返りタイム」とし、一週間の学習内容の復習・確認テストを行いました（全校生徒対象）。学習で苦戦している生徒には、個別指導を充実させました。定期テスト前の期間に加えて月に一回、学習補充日の設定（この日は部活動をすべて中止したうえで、学習の得意な生徒も先生役として協力する学習会）、三年生の放課後学習塾（部活動引退後、苦手教科や受験対策に取り組む）、学習向上サポーターや小中連携サポーター等（京都府や市の学力向上施策）を活用したきめ細かな個別支援、学習支援ボランティア（学校支援地域本部）との協働による三年生補充学習と英語検定・数学検定の挑戦のための学習会などです。

「ビブリオバトル」と「ニュースバトル」

「ビブリオバトル」（知的書評合戦）という本の紹介コミュニケーションゲームにも全校あげて取り組みました。また、そのビブリオバトルの手法を新聞に適用した「ニュースバトル」（B中学校で開発した独自の手法。社会的事象への関心と社会的思考力を深めるために考案）にも取り組みました。普段の授業では目立たない生徒にも必ず出番があるこの取り組みでは、生徒全員が生き生きとした表情を見せてくれます。「正解」がありませんから、誰一人まちがえることがなく、どの生徒も堂々とプレゼンしてくれるのです。なお、私たちは、これらの取り組みは、「主体的・対話的で深い学び（アクティブ・ラーニングの視点）」の土台になることを実感しています。対話、討論が成立するには、自由に発言できる教室内の雰囲気・関係性が必要ですが、この二つの取り組みは、その雰囲気・関係性を醸成するのに有効です。

「勉強のやり方」（効果的な勉強方法）を考える講演会の開催

また、実践を進めるなかで、「学習で苦戦している生徒は、勉強のやり方がわかっていないのではないか」という問題意識が生まれました。学力差や個人差もあり、最適な勉強方法は一人ひとり異なりますが、共通した効果的な方法もあります。生徒の勉強の自立を促すため、各教科で積極的に学習方法を紹介しました。

さらに、勉強のやり方に関する著作をたくさん出版されている教育・学習支援業の清水章弘先生にも研究アドバイザーとして就任していただき、全校の生徒や保護者に「勉強のやり方」を継続的に講演してもらったのです。講演の感想には、「早速実行します。これからの授業や勉強の見方が変わる」「私には行きたい高校があって、今日の講演でスイッチが入りました」「今まで部活動に逃げていたけど、今日のお話でビックりするくらい勉強に対する意欲がわいてきました」「あと二週間後に定期テストという時期にお話を聴けて最高でした」などと記すと同時に、清水先生の提唱する「その日、次の日、日曜日」のタイミングでの復習や「返し縫い記憶法」などの効果的な勉強のやり方を早速実行しはじめました。

学習意欲を高める教育環境の向上

学習意欲を高める教育環境の向上にも力を注ぎました。規律ある授業と学級の前向きな雰囲気の向上、学習成果の計画的な掲示、自学自習用の学習プリントの整備、進路・キャリア教育の充実（進路説明会の開催回数を増やす、進路通信を一・二年教室へも掲示、職場体験活動、卒業生から学ぶ会、高校の先生から話を聞く会、職業についての話を聞く会、先輩としての小学校訪問など）、読書活動の推進（「一〇〇冊読書」の取り組みと校内表彰、図書館ボランティアによる図書室利用の促進）など、教育環境の向上に取り組みました。なお、学習成果の掲示物に関しては、各教科でさまざまな掲示がされていますが、掲示された生徒は承認を感じ、他の生徒にとってはルーブリック（こういう作品が〝A〟という評価指標）の理解となる効果もありました。

新学習指導要領と「わかる授業」

今、社会の加速度的な変化や、ＡＩ（人工知能）を中心とするＩＣＴの進化による予測困難な時代のなかで、二〇三〇年の社会と子どもたちの未来を見据えた教育課程改革が進行しています。ＯＥＣＤ（経済協力開発機構）による「Education2030」（キー・コンピテンシーの改訂）なども視野に入れ、知識・情報（コンテンツ）から資質・能力（コンピテンシー）ベースへの転換を図る新学習指導要領が提起されています。

　この指導要領の構造改革のなかで、アクティブ・ラーニングが教育界を席巻しています。実は、B中学校は文部科学省の「課題解決に向けた主体的・協働的な学びの推進事業」の研究協力校（二〇一四〜二〇一五年度）として、このテーマを先行して研究実践する機会がありました。私たちは「主体的・対話的で深い学び（アクティブ・ラーニングの視点）」を視野に入れながらも、「対話、グループ学習、討論といった学習活動の外形ではなく、授業において子どもたちがアクティブ・ラーナーになっているかどうかが重要」（文部科学省・合田哲雄氏）という指摘や、家庭の文化的・経済的背景の影響を受けやすい協働的な学習スタイルの実践が、逆に学力格差を拡大しないように注意しながら研究を進めていきました。大切なのは子どもたちの頭の中がアクティブになる「わかる授業」を実践することです。

　なお、「主体的な学び」に関係するのですが、ＯＥＣＤの国際教員指導環境調査（ＴＡＬＩＳ２０１３）の結果では、日本の教員は、「批判的思考を促す」「勉強ができると自信をもたせる」「関心を示さない生徒に動機付け」「学習の価値を見いだせるよう手助け」など生徒の主体的学びを引き出すことに関わる事項について、参加国平均よりも顕著に低い事実がうかがえます。私たちは、そうしたデータも念頭に置きながら、「主体的な学び」を意識した実践に挑戦していきました。

研究発表会の開催

　B中学校では、毎年の研究発表会で、公開授業と併せて「生徒発表」の企画を設けました。学校（教員）の研究テーマに関して、当事者である生徒がどのように思っているのかを発表してもらうため、あえていろいろな意見をもつ生徒に登壇してもらいました。その生徒目線の発表には、参加者も拍手喝采でした。

また、さまざまな分野の研究者の方々に校内研究会での講師や全校生徒・保護者への講演をお願いして研修を深めてきました。二〇一六年一月の研究発表会では、研究アドバイザーの先生方が一堂に会したため、時間の関係で短時間のお話を聞くリレー講演となってしまいました。終わってから参加者に、「贅沢なリレー講演会でしたね。ところで、たくさんの研究者が一つの学校に入ることで先生方は混乱しませんか」と質問されました。まったく逆です。教員は教科も違えば年齢構成も多様です。やりたいことや力点も異なります。私は授業の腕を磨くため、全体としての方向性は確認しつつも、教員が多様な視点に触発され、刺激を受けて、自律的に授業づくりを進めてほしいと考えています。

ちなみに、このときの参加者からは次のような感想をいただきました。「一人ひとりの生徒が生き生きと楽しそうに取り組んでいる姿が印象的でした」「授業に活気があり、こちらまで楽しくなりました」「生徒が自信をもって発表している姿に感動しました」「生徒が積極的に発表する姿、生徒同士の学び合う姿が印象的でした」「教室の温かい雰囲気、生徒がしっかり参加できている雰囲気がすばらしかったです」「どの教室も落ち着いて集中して課題に向かえていることに感心しました」「生徒と教員の信頼関係が感じられ、日々の取り組みの質の高さを感じました」

授業アンケートで「わかる授業」の成果を検証

「わかる授業」を、生徒はどのように判断・評価しているのかを、テスト結果（成績）だけでなく、「授業評価アンケート」を継続的に実施することで検証しました。第一章で紹介したアンケートと同一方法・同一様式です。この結果、最初は、「授業がよくわかるか」の全学年・全教科の平均は八〇パーセント台だったのですが、徐々に向上し、四年目に初めて九〇パーセントを超えました。また、「自由記述」の「お願いしたいこと」に書かれた「授業のスピード」「宿題の量」「板書のチョークの色」などの意見に対しては、迅速に対応していきました。逆に、「よかったところ」に書かれた「授業が楽しくておもしろい」「授業のテンポがいい」「デジタル教科書がわかりやすい」「字がきれいで板書が見やすい」「声が大きく聞き取りやすい」「授業に参加できる」「発言しやすい」「グループ学習で考えが深まった」などは、担当教員の授業づくりへのさらなるモチベーションにつながりました。

〔課題Ⅱ〕　家庭学習の量と質（時間増と自学）の向上
――スケジュール手帳の活用による自己管理能力の育成

家庭学習を定着させるためにスケジュール手帳を活用

Ｂ中学校の家庭学習の実態は、調査年度・学年によって異なりますが、〇～三〇分未満の生徒が全体の一五～三五パーセントでした。そこで、生活習慣の改善と家庭学習の定着化を図ると同時に、自ら考えて行動できる力、目標管理と時間管理など自己管理能力を向上させるツール（手段）として、二〇一四年度より全校の生徒にスケジュール手帳（サイズはＡ５判で見開き二ページに一週間分があり、一時間単位で予定を書き込める。生徒は授業や部活動、習い事の時間などを記入する。そのほか、提出物や持ち物、週の目標、一週間の振返り、毎日の学習時間を記入する欄がある）を活用させました。

ところが、当初、手帳活用を定着させるには想像以上に苦労がありました。手帳会社から「現在、採用の

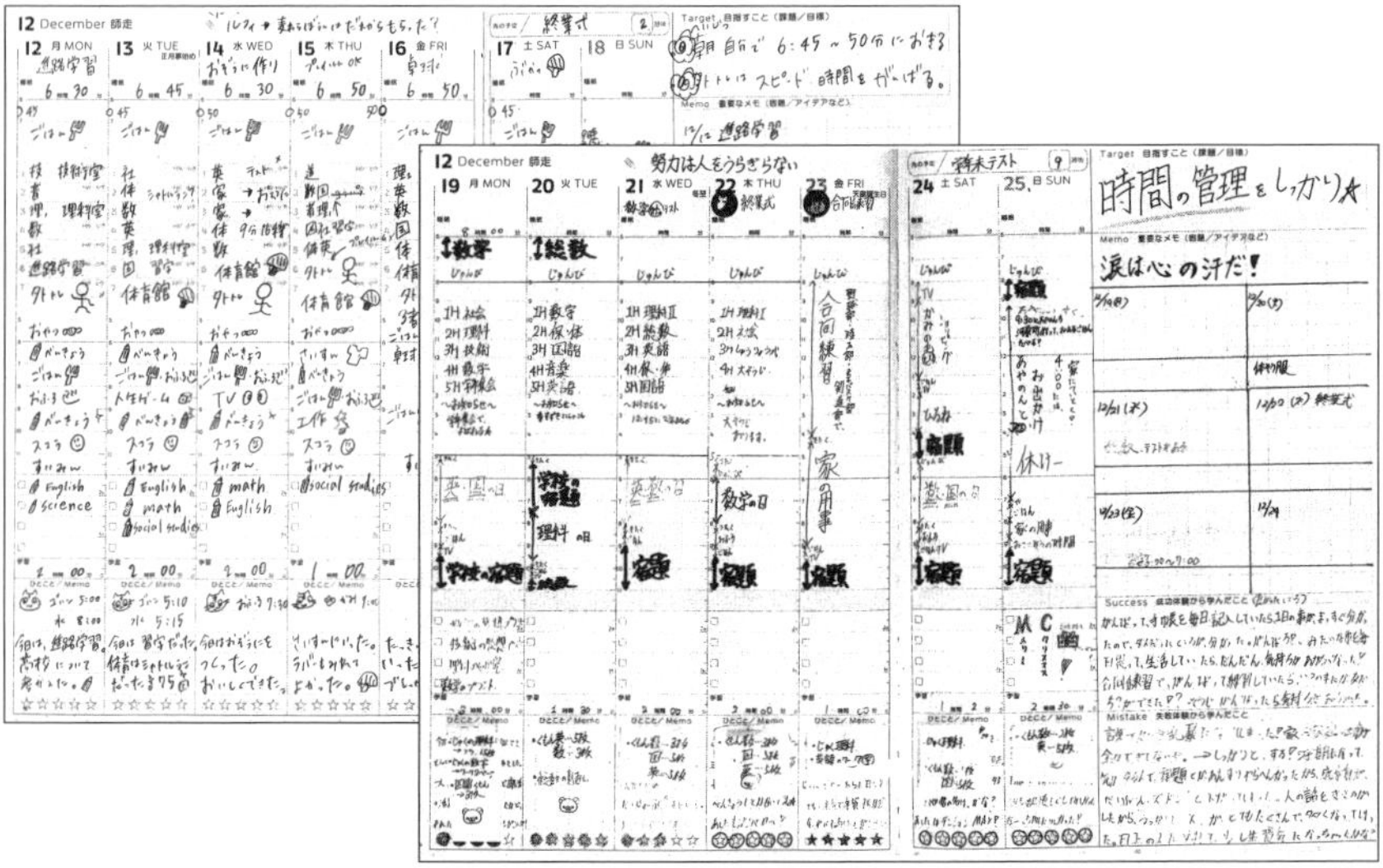

生徒の書いたスケジュール手帳。色分けし，見やすく，使いやすいように工夫している。

多くは高校です。中学校も私立の進学校では採用されていますが、弊社の手帳を公立中学校で全校生徒に採用していただいたのは、関西ではB中学校が初めてです」と言われた意味がようやく理解できました。しかし、導入の目的である家庭学習を定着させるためのよい代案（しかけ）が見つかりません。そこで、スケジュール手帳の活用を促進させる条件整備を行いました。

まず、記入時間を確実に確保するため、毎日の朝学活・終学活に「手帳の記入タイム」を設定、金曜日には一週間の見通しと振り返りの時間を確保しました。また、優れた活用者の手帳のコピーを校舎内に掲示すると同時に、手帳活用状況の優秀者を校内表彰するなど、活用のモチベーションを上げる取り組みを始めたのです。さらに、家庭で何を学習していいのかわからない生徒のために、国語・数学・英語を中心とした自学自習用の学習教材（学習プリント）を開発し、職員室前に整備しました。こうした工夫と学級担任の熱意が重なり、徐々にスケジュール手帳の活用度は向上していきました。

スケジュール手帳活用の成果を検証

成果と課題は、「学校独自のアンケート」と「手帳会社の調査」、そして「学力との関係」（五教科の定期テスト、五段階の評定、京都府学力診断テスト、全国学力・学習状況調査等の結果）で確認しました。その結果、手帳を毎日活用しているグループの学力（定期テストや評定の平均）が学年平均を大きく上回っていること、就学援助受給家庭の生徒のなかで手帳を毎日活用しているグループの学力が上昇していることなどがわかりました。また、手帳会社が行った調査（全国一〇万人規模の中・高生が調査対象）では、「書くことが増えたか」「忘れ物や提出遅れが減ったか」「一日の学習時間が増加したか」などの質問に対して、手帳を活用している学校の全国平均値を大きく上回る成果が得られました。

なお、スケジュール手帳の活用で「よかったこと、変化したこと」を問いかけたアンケートに、生徒は次のように答えてくれました。「時間を意識するようになった」「自分がどのくらい勉強しているか、遊んでいるかがわかり、生活が改善できた」「毎日を振り返ることで、自分の生活の改善点が見えてきた」「計画を立てやすく、土・日曜日の勉強量と余暇が増えた」「テスト勉強を見通しをもって効率的、計画的にできた」「成績が大きく向上した」「一日一日に対する価値観が変わった」

〔課題Ⅲ〕「経済格差による学力格差」の縮小

この課題に取り組んだ理由

B中学校の取り組みを紹介する前に、この「経済格差と学力格差」に関する全国の状況を確認しておきた

図2－2　2013年度の全国学力・学習状況調査に基づく世帯所得と学力の関係

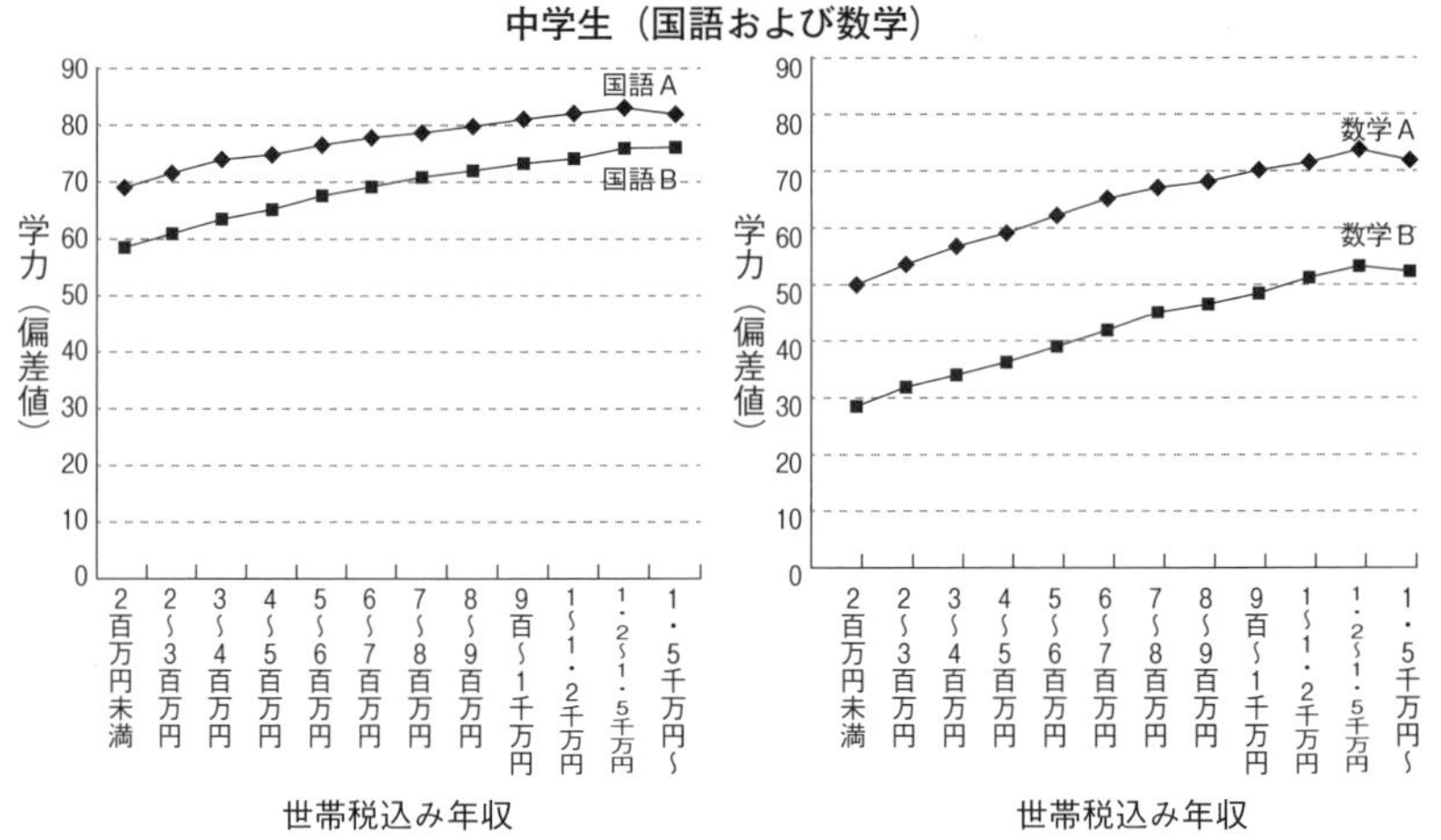

出典：赤林英夫ほか『学力・心理・家庭環境の経済分析』有斐閣，2016年，５ページ

いと思います。図2―2は、「二〇一三年度の全国学力・学習状況調査に基づく世帯所得と学力の関係」を示しています。残念ながら、世帯所得の多寡で学力テストの正答率に大きな差が生じていることがわかります。また、最近の教育社会学の研究では、学力格差は経済的資本と併せて、文化的資本と社会関係資本（人間関係が生み出す力）の三つが関わると考えられています。私は、以前から「学習で苦戦している生徒は努力不足だけが原因か」ということを考えさせられることが多く、この問題を避けてはいけない、という強い思いがありました。

相対的貧困率は、今や一七歳以下の子ども約一六パーセント（三二〇万人以上）、一人親世帯の子どもに限ると五〇パーセント以上といわれています。図2―3は、経済的困難を核として、それによって生じるさまざまな問題が複合的に（蜘蛛の巣のように）からみ合っていることを想像するためにつくられた「貧困問題のイメージ図」です。実際、私たち学校現場では、「経済的貧困」が子どもたちの発達や文化的貧困、体験格差など、「貧困の連鎖」を引き起こ

図２－３　貧困問題のイメージ図

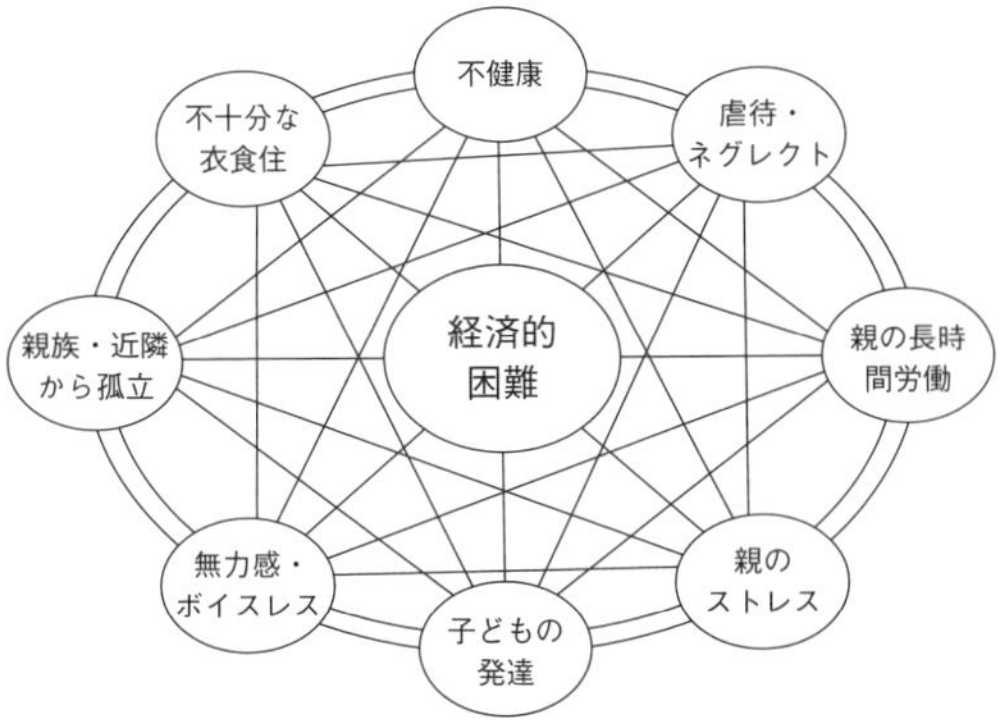

出典：山野良一『子どもに貧困を押しつける国・日本』光文社，2014年，12ページ

している現実を目の当たりにしているのです。

B中学校にも「経済格差と学力格差」

さて、B中学校でも、「収入が多い家庭、教育支出が多い家庭ほど、子どもの成績がよくなる」「学習過程で生まれるように見える学力格差は、学習以前の家庭環境が影響している」のでしょうか。私たちは、家庭の収入を直接調査できません。そこで、経済格差の代理指標として「就学援助受給の有無」と学習状況との関係で確認しました。その結果は、残念ながらB中学校も例外ではありませんでした。就学援助を受けている家庭の生徒と、非受給者の家庭の生徒の学力を比較すると、そこには明確な格差傾向があり、特に数学と英語では学年進行に伴ってその格差が拡大する事実が判明したのです。

こうした現実に対して、「この問題は、行政・福祉の問題や家庭の問題で、学校現場ではどうしようもない」という意見もあります。しかし、私たちの目の前には、そうした背景のなかでも、日々がんばっている生徒がいます。この現実を直視することを避けて、私たちの授業づくり、学校づくりがあるのでしょうか。

「そもそも平等でないものを、平等に扱うことほど、不平等なことはない」という言葉もあります。学力の充実と進路実現は、人権教育の中核であり、〝希望の源泉〟です。

「高い成果を上げている学校」の七つの特徴

ところで、家庭学習の充実や「経済格差と学力格差」の縮小に取り組んでいるとき、全国学力・学習状況調査の分析から、私たちの実践を後押しする知見が発表されました。文部科学省が、日本で初めて家庭状況と学力の関係、家庭の経済的な豊かさや文化的環境によって生まれる学力格差の問題を調査し、その問題を克服する視点を提言したのです（文部科学省は、お茶の水女子大学を中心とする研究班に調査を委託）。そこでは、「社会的に〝厳しい環境〟にありながらも高い成果を上げている学校の七つの特徴」が析出されました。「①家庭学習の指導、②管理職のリーダーシップと同僚性の構築、実践的な教員研修の重視、③小中連携教育の推進、異学年交流の重視、④言語に関する授業規律や学習規律の徹底、⑤学力・学習調査の積極的な活用、⑥基礎・基本の定着の重視と少人数指導、少人数学級の実施、⑦放課後や夏期休業期間中の補習」（「平成二六年度学力調査を活用した専門的な課題分析に関する調査研究」国立大学法人お茶の水女子大学、二〇一五年）。

なお、この調査の代表の耳塚寛明氏は、「特殊な実践や特別の学習形態が学力格差の克服に功を奏しているわけではない」「具体的な取り組み自体は、いずれも地味で基本的な取り組み」という事実を指摘されています。私たちは、こうした研究成果も参考にしながら、B中学校の家庭学習の充実、学力格差の縮小に挑戦していきました。

学力格差縮小への取り組みと成果の検証

学力格差縮小への取り組みの中心は、全体としては日々の「わかる授業」の推進ですが、先に紹介した「基礎的・基本的な知識および技能の確実な習得」の充実を図りました。なかでも、学習向上サポーターや小中連携サポーター等の先生方による個別指導は重要です。そのサポーター役は、私たちの地域で活躍されていた退職教員の先生方も担ってくださいました。教員の大量退職時代の今日、熱意あるベテランの退職教員の協力は、放課後の教員の負担軽減という面からも、大きな意味があります。

この取り組みの成果は、「学力との関係」（手帳活用の成果検証と同様、学力は五教科の定期テスト、五段階の評定、京都府学力診断テスト、全国学力・学習状況調査等の結果）で確認しました。その結果は、「就学援助受給の有無」による格差拡大傾向に歯止めをかけただけでなく、格差を大きく縮小させることができたのです。

この事実は、私たちの実践を大いに勇気づけるものでした。なお、経済的に厳しい環境のもとで成果を上げている生徒の特長（共通性）も確認し、生徒や保護者へのアドバイスに役立てています。その特長は、学校生活では「授業を大切にし、積極的に発言・参加している。提出物等もきちんと出している」「部活動をがんばり、友人関係が安定しており、トラブルも少ない」「目的意識・目標をはっきりともって取り組んでいる」、家庭生活では「家庭学習においては、計画的に取り組めている生徒が多い（特にテスト前の学習）」「経済的には厳しくても、親子関係・家族関係（兄妹・祖父母等）が安定しており、周囲からの支えがある」「親からの勉強に対するプレッシャーが少ない」などです。

2　結果として、「学力向上」へ

私たちは、取り組みの結果を確認するために、印象論や定性的な分析だけではなく、実証的・定量的なデータでも継続的に検証を行ってきました。エビデンスベースト（数値による効果測定）も重視したわけで

表２－１　全国学力・学習状況調査の「標準化得点」の推移

	2013年度調査		2014年度調査		2015年度調査		2016年度調査	
	全国平均との比較	標準化得点	全国平均との比較	標準化得点	全国平均との比較	標準化得点	全国平均との比較	標準化得点
国語Ａ	＋4.1	102	＋5.0	103	＋5.5	103	＋6.6	104
国語Ｂ	＋5.5	102	＋8.3	103	＋8.1	104	＋10.3	104
数学Ａ	＋3.9	102	＋7.2	103	＋11.1	105	＋12.2	105
数学Ａ	＋4.8	101	＋8.3	103	＋11.7	104	＋12.5	105

（標準化得点とは，各年度の調査問題が異なることから，年度間の相対的な比較が可能となるよう，各年度の全国の平均正答数がそれぞれ100となるように標準化した得点のこと）

図２－４　生徒質問紙の回答結果の経年推移

Ｑ　２年生のときに受けた授業では，生徒の間で話し合う活動をよく行っていたと思いますか？

※2007・2008年度調査では，この質問項目がないため空白

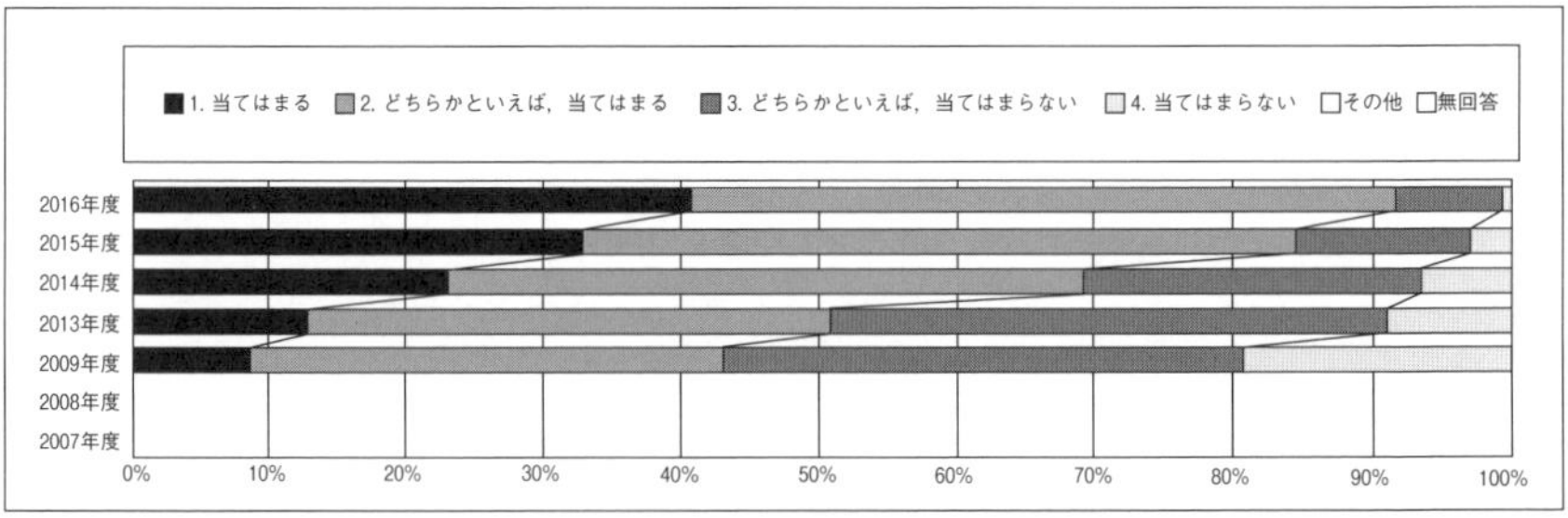

す。なぜなら、私たちの実践の方向性は正しかったのかという結果責任を意識し、「努力してきたから」ということを免罪符にしてはいけないという決意で取り組んできたからです。ただし、学力の数値の向上を目的としてきたことは一度もありません。数字にこだわると、目先にとらわれた形骸化した実践になるからです。ここでは「学力の特定の一部分」ではありますが、二〇一三～二〇一六年度における全国学力・学習状況調査の結果の推移を紹介します（表２―１）。

　ありがたいことに、年々調査結果が向上していることがうかがえます。

　また、生徒質問紙の回答結果の経年推移グラフから、私たちが授業づ

くりで意識して取り組んだ成果が、数値としても確認できました（図２―４）。

３　「わかる授業」と学力形成・向上の必要条件

「わかる授業」に取り組むなかで、学力形成・向上についての認識も深化していきました。図２―５は「学力形成・向上の必要条件」を示したものです。

①は「わかる授業（授業の質）」です。指導技術や教材研究の質の高さだけでなく、深い生徒理解や私たちが実践してきた目標の明確化、目標と評価の一体化、考える力・学ぶ力の育成などが含まれます。

②は「学級の雰囲気」です。学級経営の充実（「居場所づくりと絆づくり」）、学ぶ意欲を育てる人間関係、キャリア教育、学習規律や教室環境などが関係していると考えます（なお、ＯＥＣＤ生徒の学習到達度調査〈ＰＩＳＡ〉でも「学級の雰囲気が良好であるほど、得点が高くなる」と指摘されています）。

③は「学校の雰囲気」です。前向きの空気感（文化）を形成する学校行事や生徒会活動、部活動、また、学習意欲を高める学校環境、さらには、保護者・地域との協働、職場の同僚性・協働性が関係すると考えます。

私たちは、①「わかる授業（授業の質）」を追究する過程で、②「学級の雰囲気」や③「学校の雰囲気」が相互に強く影響（相乗効

図２－５　学力形成・向上の必要条件

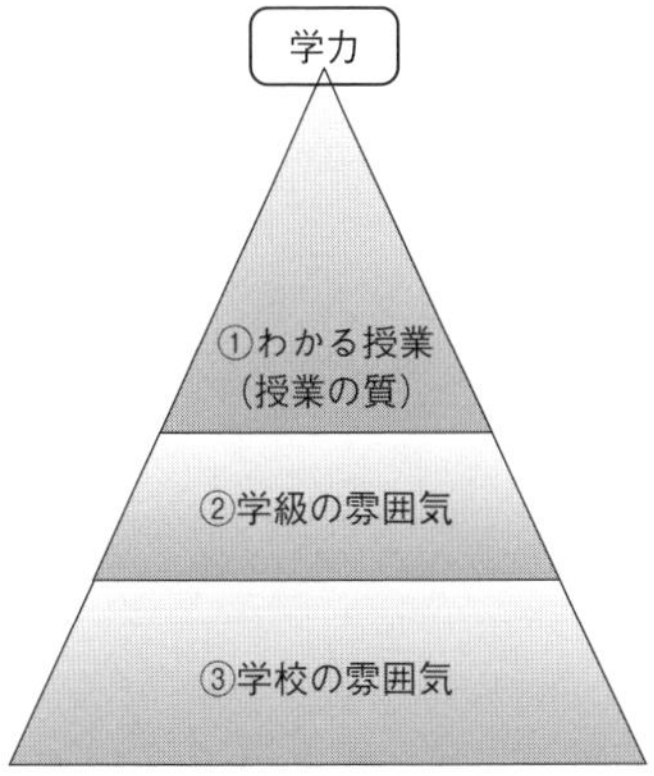

果）し、密接不可分だということを痛感させられたのです（①↔②、①↔③、②↔③）。

4　信頼と安心の学校へ

生徒の輝く姿

これまで「わかる授業」に焦点を合わせて紹介してきましたが、当然のことながら、生徒は生徒会活動、学校行事、部活動などで、輝くステキな姿を見せてくれます。私は、学校行事のあいさつでは、いつも「一生懸命はカッコいい。一生懸命は楽しい。一生懸命は自分と仲間を成長させる。そして、一生懸命は見る人を感動させる！」と語るのですが、生徒はその期待にいつも見事に応えてくれます。行事を終えた生徒の表情には、いつも本気で全力投球した人だけが味わえる、さわやかな笑顔と達成感があふれていました。その達成感と感動は、生徒を次なる挑戦へと鼓舞します。彼ら彼女らは次のように語ります。「仲間を信じられるようになった」「めっちゃ仲良くなれた、団結ができた、絆が深まった」「一つになるっていうのは、やっぱ最高」「楽しさも、悔しさも、すべては真剣に取り組んだからこそ」「敗れたものの、一生懸命という最高の宝物を手に入れることができました」。行事を重ねるたびに、子どもたちって本当にすごい！と感激させられます。

また、自分たちの理想の学校に「地域に誇れる学校」「地域に貢献する学校」と書いた生徒は、地域清掃のボランティアと併せて、二〇一五年度は生徒会本部を中心に、地域課題である美しい竹林の風景を守るため、地元のＮＰＯ法人といっしょにボランティア活動に取り組みました。荒れた放置竹林の整備（伐採や枝払い）を「竹取物語プロジェクト」と名付けて取り組んだのです。なお、体育祭の競技種目の「棒引き」で使用した青竹は、生徒会本部と女子の競技リーダーの生徒たちが伐採し、しかも、竹の節でけがをしないようにていねいに磨いてくれたものでした。さらに、部活動も非常に活発で充実した活動を行っています。その結果、上位の大会やコンクールへの出場も多くなってきました。また、部活動単位で清掃活動などのボランティアにも主体的に取り組んでくれています。

制服や修学旅行先を生徒が決める

生徒や保護者の声を学校運営に積極的に生かすための取り組みも進めました。創立六〇周年を記念して制定される新制服では、自校の生徒、保護者、教職員だけでなく、市が学校選択制を採用しているため、市内すべての小学校の児童や保護者にもアンケート投票などで意見を聞く機会をつくりました（A中学校でのノウハウを活用）。

また、修学旅行先の決定に、生徒と保護者の声を反映させています。具体的には、生徒と保護者の前で、旅行業者（四社ほど）がお勧めのプラン（行き先や行程など）をプレゼンテーションするのです。そのプレゼンをもとに、アンケートで希望プランを調査、その意見をふまえて修学旅行プランを決定しています（毎年）。生徒にとっては、自分たちの修学旅行に企画の段階から参加できると興味津々ですし、保護者からは、経済的負担の視点から意見を反映してもらえると好評です。この取り組みも前例がないということで大きな反響がありました（「新制服、修学旅行先…生徒・保護者の声　運営に積極反映」『京都新聞』二〇一四年七月四日付）。

「どの教室にも幸せな空気が流れている！」

研究会で、「授業の空気が一変しましたね！」「どの教室にも幸せな空気が流れていますね！」と、ある研究アドバイザーの方が語ってくださいました。私たちB中学校の教職員にとって最高にうれしい言葉でした。では、この空気感のなかには、一体何が詰まっているのでしょうか。生徒会長だった宮前りさんは、その空気感を「一生懸命やることが恥ずかしくない」という表現で語ってくれました（本章末を参照）。失敗が許容され、一生懸命はカッコいいという学校の雰囲気は、学校文化の要諦なのかもしれません。そして、その空気感の根底には、「信頼と安心の人間関係」が潜んでいるのかもしれません。

最後に、第一章と同様、生徒が考えた「B中学校の自慢（いいところ）」を紹介させてください。「B中学校は、行事が楽しく一生懸命の学校です」「文武両道の学校です」「部活が熱心で楽しい学校です」「雰囲気がとてもよい学校です」「男女、先輩後輩、関係なく仲がよい学校です」「授業がわかりやすく集中できる学校です」「スケジュール手帳を使っている学校です」「あいさつがしっかりできる学校です」「笑顔があふれ元気な学校です」「授業がわかりやすく、先生が熱心でおもしろい学校です」「先生が生徒の意見をしっかり聞いていっしょに考えてくれる学校です」

また、生徒は、新入生の保護者に対しても「一言メッセージ」を寄せてくれました。私は新たな学校づくりのパートナーである保護者のみなさんに、次の言葉を紹介することができました。「B中での三年間は、とてもたくさんの成長ができます」「部活も勉強も大変です。温かく見守り、ささえてあげてください」「反抗期がくるときがあると思いますが、子どもの話をちゃんと聞いてがんばってください」「いらいらすることもあると思いますが、優しく話を聞いたり、おおらかな気持ちで見守ってあげてください」「成績悪くても怒らずに励ましてあげてください」「中学校になると休みの日が少なくなるので、普段の親子の時間を大切にしてください」

「ベスト」

宮前りさ（元B中学校生徒会長、現高校一年生）

「一生懸命はカッコいい！」朝、校舎に入ると目に留まるこの言葉がやる気を起こさせてくれます。B中学校は、あいさつから大きな行事まで、何にでも全力で思いきり取り組める学校です。

私が特にこれを実感したのは体育祭です。まず準備の段階からみんなの本気さに驚かされます。各リーダーは体育祭の成功に向け、何度も話し合いながら準備を進めます。三年生のとき、私は赤組をまとめる役でしたが、どうしたら全体のモチベーションが上がるかを考え、応援のときに全員が声を出せるような工夫をしたり、応援団を後押しする全体のうちわの振り付けをしたりと、みんなの真剣な意見を実現するために大忙しでした。

目玉種目であるムカデ競争の練習も熱かったです。約四〇人のクラスで一つという巨大なムカデ。はじめは歩幅やリズムや気持ちも合わず、一歩進むのでさえ難しいのですが、放課後の地道な練習で少しずつ上達していきます。本番、気合の入ったB中生が見せる息の合った動きとレースは、迫力満点。がんばった分だけ、やってよかった、楽しかったという気持ちが湧き上がってきます。

このようにB中には、何かを成功させるために、生徒が中心となって堂々と取り組むことができる雰囲気がありました。一生懸命やることが恥ずかしくないのです。

この雰囲気のなか、私は生徒会長としてさまざまな経験をさせていただきました。生徒会での活動を通して、自分だけでなく全体を見ることで、常に今何をすべきなのかを考えて動くことができるようになったと思います。また、みんなの前に立つことへの抵抗感もなくなり、積極的に物事に参加することができています。ともに励ましあい、がんばりを認めあえる仲間に出会い、一生懸命やったことでたくさんの刺激を受けられたB中での三年間は忘れません。

そんな思い出がいっぱいのB中学校を引っ張ってくださったのが盛永校長先生です。校長先生はバイタリティーあふれる方です。私たちに贈る言葉には熱い思いがこもっており、胸に響いたのを覚えています。毎月の学校だよりの冒頭の文面でもいつも私たちをほめたり励ましたりしてくださいました。大きな試合があるときは、どの部活の試合会場にも必ず足を運び、先生自ら写真を撮って学校だよりに載せてくださいました。校長先生は先生方と一緒に、いつでも私たちのがんばりにエールを送り、認めて、喜んでくださっていたと感じています。

また、何度も開催された講演会は、どれも私たち中学生が興味をもてる内容で、お話のなかには学ぶものがたくさんありましたが、講師の先生は、校長先生がご自分で講演を聴かれたり、本を読まれたりして感銘を受けた方々でした。校長先生が、いいと思ったものを生徒と共有しようとするのは、私たちに期待してくださっているからだと伝わってきます。

「人は、過去を変えることはできないが、未来は変えることができる」校長先生から何度も聞いた言葉です。先生が私たちにしてくださることはすべてこの一言に答えがあるのではないかと思います。私は、これから先も、たくさんのことに挑戦し、未来につながる力をつけて前進していきたいです。

第三章　学校を改善するカリキュラム・マネジメント

「学びの地図」としての新学習指導要領に向けた審議のなかで、「社会に開かれた教育課程」やカリキュラム・マネジメントがクローズアップされています。しかし、学校現場では、教育課程というのは教科等への配当時間数や年間指導計画などを作成することで、児童生徒の教育的成長や学校課題の解決のための教育課程という視点が弱いのが実状です。しかし、田中耕治氏は、時代の変遷とともに拡張・進化した教育課程を「子どもたちの成長と発達に必要な文化を組織した、全体的な計画とそれに基づく実践と評価を統合した営み」（田中耕治ほか『新しい時代の教育課程』〈第三版〉有斐閣、二〇一一年）と定義されています。また、田村知子氏は、児童生徒の教育的成長という目的を実現するための手段がカリキュラムであり、評価を核にしたマネジメントサイクルで効果的・効率的なカリキュラムを創り続けることが重要だと指摘し、教育課程の全体像が俯瞰的に分析できる「カリキュラムマネジメント・モデル」を提案されています（田村知子『カリキュラムマネジメント』日本標準、二〇一四年など）。

この章では、その教育課程（カリキュラム・マネジメント）の視点と第一・二章で述べた学校づくりの取り組みとを重ねながら、何が学校を変え、効果的な教育活動を進めるのかを、五つの視点で整理します。

1　生徒の教育的成長を実現し、学校課題を解決する五つの視点

①ビジョン・目標の共有化と具現化

学校づくりで何より重要なことは、生徒、教職員、保護者、地域住民によって共有・支持されるような学校のビジョン・目標を設定し、その具現化に努力することです。私は、「子どもたちを〝座標軸〟にした学校づくり」を指針にしながら、まずは、学校の現状・課題の把握に力を注ぎました。現状把握を丁寧に実施し、問題点をきめ細かに析出すれば、目標は自ずと明確になり具体化するはずです。

そのため、A・B中学校とも、着任一年目は学校経営計画（重点目標とその具体的な取り組み内容）を提示することが遅くなりましたが、目標が単なる絵に描いた餅とならないためには大切だったと考えています。A中学校の重点目標は「授業づくりを追究し質の高い学力を育む。生徒指導・教育相談を充実させる。学級活動・学校行事・生徒会活動・部活動を充実させる。保護者・地域との協働による信頼される学校づくりを実践する。組織力（チーム力）を高める」の五つで、その目標を実現するための取り組み内容を設定しました。B中学校では、重点目標を「学力の向上とキャリア教育の充実。よりよい人間関係の育成と生徒指導・特別支援・教育相談の充実。あらゆる教育活動を通した人権教育の推進。組織力（チーム力）の向上。保護者・地域との〝協働〟による信頼される学校づくりの推進」と設定、いずれの学校でも「わかる授業」を根幹とした学校づくりをめざしました。

ところでお気づきのとおり、重点目標の視点・要素がA・B中学校ともほぼ同一です。その理由は、私は

基本的に「学校づくり」を、①授業づくり（わかる授業）と学力向上、②生徒指導（教育相談、特別支援教育を含む）、③特別活動（学級活動、生徒会活動、学校行事）と部活動、④保護者・地域との連携・協働、⑤組織力（チーム力）で整理しているからです（ただし、学校の歴史に関わってB中学校では人権教育も重要な柱にしています）。また、私は、「的確な時代認識とビジョンによって優先課題が明確になる」「問題解決のための手がかりは必ず対象のなかにある」という見方を大切にしてきました。今ある資源が不十分に見えたとしても、これまでの前例・常識にとらわれない新たな視点で対象を整理し直せば、解決に向けての方向性が明確になると考えます。

なお、このビジョン・目標を策定するうえで、岡本薫氏の「Ph.P手法」は参考になります。岡本氏はマネジメントの失敗の大部分は、P（Plan）の段階ですでに起きていると指摘し、Pを五つの「フェーズ」（現状を把握する→原因を特定する→目標を設定する→手段を選択する→集団意思を形成する）に分けて考えることの意義を提案されています（岡本薫『教師のための「クラス・マネジメント」入門』日本標準、二〇〇八年）。関連して、藤沢久美氏は、成長企業の共通の秘訣を、「メンバーが共感して自ら動きたくなる、魅力的なビジョン（働く目的）」と「そのビジョンがメンバーに浸透」していることだと分析されています（藤沢久美『最高のリーダーは何もしない』ダイヤモンド社、二〇一六年）。

②教育活動の質を高める取り組みとマネジメントサイクル

教育活動を充実させるためには教育内容・方法の改善（カリキュラム開発）が必要です。授業の工夫や教材開発、学級活動や学校行事に意欲的に取り組む風土は学校づくりの土台であり推進力です。そのため、私は、その分野の専門家・研究者の方々に協力していただき、全教職員での研修会等を重視してきました。

ところで、教育課程の編成・実施・評価・改善という一連のＰＤＣＡサイクルに関して、藤原和博氏は、このサイクルを一年間で回していくというのは「誤解」だとし、変化のスピードに対応するためには、「ＤＡ・ＤＡ・ＤＡ」（Ｄの実行をしながらＰ〈仮説・企画〉を磨き上げ、Ａの改善アクションを繰り返すなかでＣ〈チェック・検証〉をしていく）のリズムで回し、小さな改善を繰り返していくことが大切だと指摘されています（藤原和博『藤原和博の「創造的」学校マネジメント講座』教育開発研究所、二〇一四年）。田村知子氏も、改善策がうまく機能しないのは、「評価と改善策策定は年度末、計画は年度開始時に行われるため連続性が断ち切られることが要因のひとつ」であり、「Ｃ→Ａ→Ｐの連続性を高める工夫が必要」だと指摘されています（田村知子ほか『カリキュラムマネジメント・ハンドブック』ぎょうせい、二〇一六年）。

まったく同感です。年度途中でも柔軟に軌道修正することが、教育活動の質を高めます。実際、私たちは、学校行事などの評価（総括）は年度末を待たずそのつど行っていますし、一年間スパンの成果と課題を検討する二月の職員会議では、総括と併せて、次年度方針案をセットで検討してきました（その次年度方針案は、四月の新体制のなかで最終確認し決定）。授業に関しても第一・二章で紹介した「授業評価アンケート」を活用しながら、継続的に授業づくりの改善を進めてきました。当然、日々感じるさまざまな気づきに対してはスピーディーな修正・実行に努めています。ある意味、生徒のために短期間での小さなＰＤＣＡを繰り返しているというのが私たち学校現場の感覚に近いのではないでしょうか。

なお、単なる経営者ではなく優れた経営者のＰＤＣＡは「Passion（情熱）、Direction（方向性の確立と発信）、Communication（コミュニケーション能力）、Action（迅速な行動力）」という指摘があります（新将命

『経営者が絶対に「するべきこと」「してはいけないこと」』アルファポリス、二〇一六年)。学校内でリーダー的役割を担っている教職員も心に刻みたいPDCAです。

③学校評価とデータでの検証

私たちが生徒に対して、診断的—形成的—総括的評価で教育評価を行っているように、学校づくりの評価もまた、診断的—形成的—総括的評価で捉えられる側面があるといえるでしょう。先ほどの短期スパンでのPDCAを形成的評価とするなら、「学校評価」は総括的評価としての機能を有しています。しかしながら、法律によって義務化された「学校評価」は、保護者からのアンケート結果をグラフ化することで終わってしまい、改善につながっていない実態もあるように思われます。

私は、この「学校評価」が有効に機能するように、実施時期と内容を変更しました。一月〜三月は次年度の準備期間と考え、最も大切で基本となる教職員による自己評価を年度末ではなく二学期末に実施しました。内容は、当該年度の重点目標とその具体的取り組み内容に対する選択肢式の評価と自由記述の評価(よかった点と課題の改善策)です。ここに、「教職員の自己評価」の実際の一部を紹介します(図3—1)。重点目標・主な取り組み内容に対しての一人ひとりのコメントは、一行ずつでも、教職員全体では学校づくりへの大きな声となります(二〇一五年度の自己評価は、B4判用紙で約二〇ページ)。この全教職員の思い(自由記述)と生徒の願いを重ねれば、自ずと成果と課題が明確になり、次年度構想(ビジョン・目標)が浮かび上がってくるのです。そして、この教職員一人ひとりの自己評価を大切にすることは、ビジョン・目標の「浸透」につながるのです。

図3－1　教職員の自己評価

学校経営の重点	重点目標（主な取組内容）	評価	良かった点（自慢できる点）	課題の改善策
1　学力の向上とキャリア教育の充実	①目標を明確にした“わかる授業”を追求し，質の高い学力を育む。	2.9	・生徒の授業に向く姿勢が非常に前向きである。 ・授業アンケートや研究指定，そして生徒の前向きな学ぶ姿勢に触発されたりしてどの先生も，「わかる授業」づくりに日夜努力されていると思う。授業を参観し合ったり，試みを交流したりしているのもいいことだと思う。 ・少しずつ生徒の特長をつかみながら支援するよう心がけることができた。個人に対するアドバイスの回数を増やした（体育）。 ・授業に関して，多くの校内研修を受講することができ，次につなげることができました。 ・電子書籍に加え，パワーポイントや動画を多用し，わかりやすい説明を心がけた。 ・授業に関しては，どの先生方も職員室でさまざまな会話を交わし，情報交流やアドバイス等を受けられる雰囲気でよかった。 ・授業が充実していると学校が落ち着くと実感している。	・授業アンケートをもとに，生徒の声を聞きつつ，改善につなげようとしている。 ・日常的に教科内で，いろいろと相談されているが，もう少し，学年を越えた教科部会の時間が取れればと思う。 ・運動が苦手な生徒に，楽しさを教えることが難しい。難易度を下げるだけでなく，ほかの具体的な改善策を実践していく。 ・教科会や公開授業をさらに実施し，研究を深めたい。 ・受身の生徒に対しての手立てを考える必要がある。発言しやすい環境を作る。

　また、一月にはその自己評価結果についての「学校関係者評価」（学校評議員や学校支援地域本部の役員等による評価）、二月には自己評価と関係者評価をふまえた専門的・客観的立場からの「第三者評価」（民間のコンサルタントを含めた研究アドバイザー等による評価）を実施してきました。なお、自己評価を補完する資料としてのアンケート調査は、評価疲れを避け、あくまでも学校課題の改善という目的達成のため、授業に焦点化した生徒アンケートのみに絞りました。また②で紹介したとおり、こうした一連の「学校評価」をふまえて、二月の職員会議で今年度総括と次年度方針案を検討したのです。結果については、学校だよりの三月臨時の学校評価特集号で公表してきました。

　また、学校づくりの進捗状況、教育活動や組織運営の不断の見直しを図るために、継続的で実証的なデータでの検証も大切にしてきました。そのデータは、私たちの主観的な思い込みを排して取り組みの成否の客観性を高め、うまくいっていない場合の方向転換、軌道修正の根拠となります。学校現場には難しい統計的な分析をする体制はありませんが、アンケート等の簡単な集計結果だけでも、学校の現状とトレンドの一端が確認・検証できます。

ただし、アンケートは、平均値だけに注目すると大切な意見が見えなくなります。また、調査時期や回答方法で結果が変わります。そのため私は、どんなアンケートにも自由記述欄を設けました。そこには、選択式の回答では表れにくい隠れたニーズや声が表明されるからです。また、相関関係があったとしても因果関係があるとは限らないので（疑似相関、第三の変数の存在）、慎重な解釈を心がけました。しかしながら、こうした学校づくりに関する率直な意見やデータによる検証は、「日本の教員の勤務時間は最長にもかかわらず授業にかける時間がきわめて短い」実態（TALIS2013）や「スクラップのないビルド&ビルド」（追加教育症候群）の現状から脱するうえで大きなメリットがあります。

なお、学校づくりを進めるうえでは、「鳥の目・虫の目・魚の目」が必要です。鳥の目とは、上から全体の様子を把握する大局観や全体観、虫の目とは、部分の把握、細部に対する気づき、そして、魚の目とは、時代の流れやトレンドの把握です（新将命、前掲書）。〝半歩先〟を見据えた時代認識・現状分析やこうした継続的なデータは、その「魚の目」を鍛えてくれます。

④家庭、地域社会との協働

学校における教育活動は、家庭、地域社会との協働関係のもとでより効果的に行うことができますし、そこで築かれた信頼関係、共育関係は、学校づくりへの相乗効果となって表れます。

そのため、「学校だより」やホームページで、積極的に生徒の活躍の様子や教育活動の様子を情報発信することを重視しました。私自身も毎号の「学校だより」の冒頭文で、生徒のステキなエピソードなどを紹介してきました。また、校長が自らの声で語ることで、学校のビジョンを共有化してもらいたいと考えてきま

学校だより

平成27年度
4月号

TEL ：
FAX ：

「未来は変えることができる！」

校長　盛永俊弘

▼創立以来、本校の歴史とともに成長してきた校庭の桜が美しい季節・・・保護者、地域の皆様には、ますます御健勝のこととお喜び申し上げます。さて、4月8日に、2・3年生が、新たな希望と決意の中で1学期の始業式を迎えました。そして、翌9日の第61回入学式では、今年度から導入した新制服に身を包んだ新入生202名を迎え、全校生徒524名（17学級）で、平成27年度をスタートさせました。

▼いよいよ、新しい1年の始まりです。私は、始業式で、「始まりは、いつも、チャンス」「目標があれば、人は変わることができる」「できない理由より、できる理由を考えて、リスタートしてほしい」と語りました。また、学校を代表する3年生には、“学校の顔”としての自覚と誇りをもった行動を、中堅学年になる2年生には、1年をリードする先輩としての行動を期待していると伝えました。生徒たちが、“一生懸命はカッコいい”を心に刻み、さらに、「元気で爽やかな挨拶のできる長中」「行事や部活動に燃える長中」「友達・仲間を大切にする長中」として、学校を発展させてくれることを念願しています。

▼入学式では、学校選択制を活用して市内7小学校・市外6小学校の計13校の小学校から新入生を迎えました。その新入生に対して、「今日の出会いを大切に、“新しい自分”と“新しい友達・仲間づくり”に挑戦してほしい」「高い目標に向かって本気で取り組めば、自分の内に潜んでいる力を発揮できる」「一人一人の成長は、仲間の支えと成長があって初めて大きく花開く」と話しました。また、プロ・サッカー選手の本田圭佑さんの「大きな夢があれば努力し続けられる、あきらめなければ負けはしない」という言葉を紹介しながら、「人は、過去を変えることはできないが、未来は変えることができる」と、期待の言葉を述べさせていただきました。新しい自分と未来に向かって、力強く一歩を踏み出してほしいと思います。

▼今年度、私たちは、「生徒が考える理想の学校像」のアンケート結果をもとに、学校づくりの重点目標を、①学力の向上とキャリア教育の充実　②よりよい人間関係の育成と生徒指導、特別支援・教育相談の充実　③あらゆる教育活動を通した人権教育の推進　④組織力（チーム力）の向上　⑤保護者・地域との“協働”による信頼される学校とし、子どもたちが生き生きと輝く中学校生活が実現できるように努力したいと考えています。

▼また、文部科学省からの研究指定「課題解決に向けた主体的・協働的な学びの推進事業」の協力校として、研究実践を進めていきます。内容は、本校の研究アドバイザー（京都大学や国立教育政策研究所の研究者等）からご助言をいただきながら、「考える力の育成と学力向上」を推進します。また、「スケジュール手帳」を活用することで、自己管理能力の育成（学習習慣の確立と家庭学習の充実）を進めます。うれしいことに、ここ数年、本校は学習面で大きな成果をあげてきました。また、手帳を上手く活用することで、「忘れ物が減った、時間や目標を意識するようになった、学習時間が増え効率よく学習できた、成績が大きく向上した」という生徒が増えています。

▼今年度も、「新しい風を起こす学校」として、また、子どもたちが、これからの社会と人生を切り拓き、より大きな人間へと成長できるように、そして、“元気で登校、笑顔で下校”できるように全力を尽くします。引き続き、保護者や地域の皆様とともに力を合わせて学校づくりを推進していきますので、何卒よろしくお願い申し上げます。

「学校だより」は学校・家庭・地域の“共育”関係を築くために重要な情報発信のひとつ。

した。この「学校だより」は、自治会等の協力による地域回覧で、多くの市民の目にふれることができます。こうした情報発信、情報公開は、学校に対する正確な理解と認識を形成するだけでなく、保護者や地域住民等との信頼関係や当事者意識を高め、協働・参画を得るための原動力となりました。

実際、キャリア教育などの推進のため、多くの地域の方がゲスト講師として授業に臨んでくださり、私たちの教育課程づくりに貴重な貢献をしてくださいました。それは「社会に開かれた教育課程」であり、社会とともにつくる教育課程です。また、前述したように、保護者・地域の方々、さらには卒業生による図書館支援ボランティアによる読書活動の推進、学習支援ボランティアによる英語検定や数学検定に挑戦する生徒への指導、学習で苦戦している生徒への補充学習などの進展で教育活動が大きく活性化しています。また、地域に誇れる学校をつくりたいと願う生徒は、地域でのボランティア活動（美化清掃や被災地への支援、地域課題である荒れた放置竹林の整備など）や吹奏楽部の演奏活動をはじめとする部活動などを通して、地域・社会貢献を進めてくれました。

⑤教職員の同僚性・協働性の向上で組織力（チーム力）を高める

私は組織力を向上させるため、方向性・共通目的の一致、風通しのよい職場の雰囲気や人間関係（どんな小さな成果・変化も共有できるコミュニケーション）、同僚性・協働性が発揮できる職場づくりという視点を大切にしてきました。認め合う賞賛の文化、切磋琢磨と省察を促す教職員集団は、教育活動の質を高め、学校づくりを進めるうえで大きな意味をもちます。また、非常勤の教職員をはじめ、どの職種の方々も生き生きと働きやすい職場づくりを意識してきました。

こうした学校の組織力を高め、教職員のモチベーションを高める職場をつくるうえで、私が長年にわたり意識してきた視点があります。それは、デシとライアン（E. L. Deci & R. M. Ryan）によるチームを活性化させる組織心理学としての自己決定理論です。この理論では、メンバーの「有能性、自律性、関係性」という三つの欲求が満たされると、より自律的な動機づけをもち、行動が自発的になると考えられています。「有能性」とは自分が仕事で成果を上げている、または上げられそうだと感じること、「自律性」は組織において意思決定の場面に参加できる機会が与えられ、主体的に参加していると感じること、そして「関係性」は他者との関係や集団になじみ、集団やリーダーと友好的でありたいと思うことです（参考：佐藤司・山森光陽「チームを元気にする人、やる気をなくさせる人」『日経ビジネスアソシエ』二〇〇三年一〇月七日）。私は、職場に元気で意欲的な雰囲気が生まれるように、この視点に立ち返ることで、自分の行動を反省・修正しながら学校づくりを進めてきました。

ありがたいことに、職員から「教師間の交流や生徒情報の交流が多い」「先生方がとにかく元気、職員室が和気あいあいとした雰囲気」「生徒の指導について気兼ねなく話題に出せる雰囲気が流れている」「ベテランの先生の経験や指導方法が、教科指導や生徒指導の場面で、確実に生かされている」「さまざまな事象に複数で対応することができる」「ベテランの先生方にも相談しやすい」、そして「教材研究に費やす時間が前任校と比べて倍になった」などといわれる職員文化が生まれ、学校評価（自己評価）でも、組織力の向上（教職員の同僚性・協働性に関する項目）の評価が大きく上がってきました。勤務している学校を誇りに思い、〝私たちの学校〟という風土が高まれば、一人ひとりの力は足し算ではなく、かけ算になります。組織力（チーム力）で達成した感動と充実感は、一人で達成する感動と充実感よりも広くて深いものになります。

私が在職中の職場でのキャッチコピーは、「元気に、楽しく、力を合わせて！」でした。振り返って、校長の一番の役割は、「教職員の労働意欲を高める」という一言に尽きるのかもしれません。

2　みんなで子どもたちの未来を拓く学校づくりを！

現実にはさまざまな課題があり、先を見通すことが困難なことが多いことも事実です。しかし、そうした課題を克服するためにも、現場に即した効果的なカリキュラム・マネジメントを進めたいものです。また、変化を起こす追い風が吹かなければ、自分たちの力で風を起こすしかありません。校長に期待される役割も変化しています。管理者から経営者へ、そして、最も重要な役割は「教育活動の組織化をリードする」（日本教育経営学会）ことです。今、「学び続ける教員」であることが問われていますが、その言葉をまずは校長自らが心に刻み率先垂範しなくてはなりません。アンテナの感度を高めれば、学校課題が明確になります。課題解決のヒントは力を合わせれば必ず発見できます。校長に必要なのは、決断と責任への覚悟です。

また、前例踏襲は停滞と後退をもたらします。時には、現状から積み上げる発想ではなく、理想的な未来を起点にして現在を考えることも大切です。「未来を予測する最善の方法は、自らそれを創りだすことである」（アラン・ケイ）の言葉がありますが、私たちの学校づくりも、過去からの延長線上としてではなく、新たな歴史と未来への一歩として構想したいものです。視点・発想を変えれば、見える景色が大きく変わります。私たちは、過去を変えることはできませんが、未来は変えることができるのです。「教育が未来をつくる」という気概で、子どもたちを〝座標軸〟にした学校づくりをさらに推進していきたいものです。

おわりに

まずは、本書を手に取っていただいたみなさまに心より感謝申し上げます。生徒指導・学力向上の課題解決や教育課程を軸にしたカリキュラム・マネジメントの推進に対して何らかのヒントになれば幸いです。授業が変われば生徒が変わります。そして、学校が変わります。「子どもたちを〝座標軸〟にした学校づくり」への挑戦で学校課題が解決できることを心から願っています。

本書の執筆にあたり、多くの方々にお世話になりました。

京都大学の西岡加名恵先生は、私の実践を本にすることを企画してくださいました。草稿には数々の貴重な指導助言をいただきました。本書はある意味、西岡先生との〝共著〟です。深く感謝申し上げます。

また、二つの学校の研究推進では研究者のみなさまから多大なるご支援をいただきました。京都大学の石井英真先生、国立教育政策研究所の杉田洋先生（現・國學院大學）・滝充先生・西野真由美先生・屋敷和佳先生・山森光陽先生、プラスティー教育研究所の清水章弘先生、安倍クオリティーマネジメントの安倍泰生先生、ありがとうございました。ここに記して感謝申し上げます。さらに、第二章での学校づくりに対してステキな文章を寄せてくれたB中学校卒業生宮前りささん、本当にありがとう。

出版に際しては、日本標準の郷田栄樹さまから温かな励ましと校正でのさまざまなご助言をいただきました。厚く御礼申し上げます。

なお、第一章のA中学校の実践は、旺文社パスナビで連載された記事「風を起こす学校」がベースになっています。取材・編集していただいた中井美佳さまに感謝申し上げます。

最後に、本書は二つの中学校の生徒、教職員、保護者、そして地域のみなさまとの〝協働作品〟です。また、私はこれまで出会った子どもたちからたくさんの元気と感動をもらい、それを学校改革へのエネルギーに変えてきました。ここにあらためて感謝の意を表します。

二〇一七年二月

盛永俊弘

●**著者紹介**
盛永俊弘（もりなが　としひろ）

元京都府公立中学校校長
中学校教員（社会科），長岡京市教育支援センター適応指導教室指導員・同教育相談員，京都府乙訓教育局人事主事・同総括指導主事，国立教育政策研究所教育課程研究センター情報統計官などを歴任
現在，京都大学大学院教育学研究科非常勤講師，学校心理士，ガイダンスカウンセラー，日本教育心理学会・日本教育社会学会に所属

日本標準ブックレット No.19
子どもたちを“座標軸”にした学校づくり
―授業を変えるカリキュラム・マネジメント―

2017年 3 月25日　第1刷発行
著　者　盛永俊弘
発行者　伊藤 潔
発行所　株式会社 日本標準
〒167-0052　東京都杉並区南荻窪3-31-18
Tel 03-3334-2630［編集］03-3334-2620［営業］
ホームページ　http://www.nipponhyojun.co.jp/
印刷・製本　株式会社 リーブルテック

ISBN 978-4-8208-0617-2

＊乱丁・落丁の場合はお取り替えいたします。
＊定価は表紙に表示してあります。

「日本標準ブックレット」の刊行にあたって

日本国憲法がめざす理想の実現は、根本において教育の力に待つべきものとして教育基本法が制定され、戦後日本の教育ははじまりました。以来、教育制度、教育行政や学校、教師、子どもたちの姿など、教育の状況は幾多の変遷を経ながら現在に至っていますが、その中にあって、日々、目の前の子どもたちと向き合いながら積み重ねてきた全国の教師たちの実践が、次の時代を担う子どもたちの健やかな成長を助け、学力を保障しえてきたことは言うまでもないことです。

しかし今、学校と教師を取り巻く環境は、教育の状況を越えて日本社会それ自体の状況の変化の中で大きく揺れています。教育の現場で発生するさまざまな問題は、広く社会の関心事にもなるようになりました。競争社会と格差社会への著しい傾斜は、家庭や地域社会の教育力の低下をもたらしています。学校教育や教師への要望はさらに強まり、向けられるまなざしは厳しく、求められる役割はますます重くなってきているようです。そして、教師の世代交代という大きな波は、教育実践の継承が重要な課題になってきていることを示しています。

このような認識のもと、日本標準ブックレットをスタートさせることになりました。今を生きる教師に投げかけられている教育の課題は多種多様です。これらの課題について、時代の変化に伴う新しいテーマと、いつの時代にあっても確実に継承しておきたい普遍的なテーマを、教育に関心を持つ方々にわかりやすく提示しようというものです。このことによって教師にとってはこれからの道筋をつける手助けになることを目的としています。

このブックレットが、読者のみなさまにとって意義のある役割を果たせることを願ってやみません。

二〇〇六年三月　日本標準ブックレット編集室